CHRISTOPH WETZEL

VINCENT VAN GOGH
LEBEN UND WERK

BELSER VERLAG STUTTGART UND ZÜRICH

Straße mit Zypressen, Öl auf Leinwand, 1890, Rijksmuseum Kröller-Müller, Otterlo

VINCENT VAN GOGH – LEBEN UND WERK

> Mancher hat ein großes Feuer in seiner Seele,
> und niemand kommt jemals, sich daran zu
> erwärmen, die Vorübergehenden gewahren
> nur ein klein wenig Rauch oben über dem
> Schornstein und gehen ihres Weges von
> dannen.
>
> (Vincent van Gogh in einem Brief aus dem
> Jahre 1880)

»Ein Leben in Leidenschaft«?

Leben und Werk Vincent van Goghs sind oft als Inbegriff individuellen
Scheiterns dargestellt und nachempfunden, als Symptom der geistigen
Krise seiner – und unserer – Zeit gedeutet worden.[1] Gleichsam eine Zusammenfassung des dramatischen Weges, auf dem van Gogh »getrieben« wird, gibt Julius Meier-Graefe im Vorwort seines 1921 erschienenen Buchs »Vincent van Gogh. Der Roman eines Gottsuchers«: »Wenn
er endlich nach allen Irrgängen zur Kunst kommt, umschlingt er sie mit
dem krampfhaften Griff des Schiffbrüchigen um die treibende Planke.
Alles, was ihm versagt wurde, Lehren, Priesterberuf, Vaterhaus, Liebe
zu Frau und Kind, Freundschaft, Bruderschaft, alles bürgerliche und
geistige Dasein, Alltag, Festtag, alles steckt in der treibenden Planke . . .
Die Angst um die fliehende Zeit reißt ihn hin, und die Krankheit droht.
Die Kunst ist der letzte Hort gegen das Unheil. Da hört die Malerei auf,
Mittel zu sein. Da werden Bilder zu Schreien, die man mit letzter Kraft
melodisch machen möchte. Da wird Kunst nicht Weg zu Gott, sondern
Gott selbst.«[2]
    Das vorliegende Buch setzt Fragezeichen hinter den Versuch, Lük-
ken füllen zu wollen in der vielfältigen Interpretation und Wertung der
dramatischen Geschehnisse um Vincent van Gogh. Nicht Teilnahmslo-
sigkeit ist die Alternative, sondern genaue Betrachtung. Dies gilt nicht
allein für die biographischen Tatsachen in den sie umgebenden Zeitver-
hältnissen, sondern auch und vor allem für das künstlerische Werk.
Zwar kann es in großen Teilen als bekannt vorausgesetzt werden, dennoch – wer wollte sich nicht darauf einlassen, ihm – als einer der Grund-
lagen der modernen Kunst – erneut zu begegnen?
    Van Goghs Heimat – die niederländische Provinz Nord-Brabant –
ist durch die wechselvolle holländisch-belgische Geschichte eingebettet
in einen kulturgeographischen Bereich mit zahlreichen historisch-politi-
schen, sozialen und konfessionellen Trennungslinien. Sie überschritt
Vincent in den ersten 25 Lebensjahren immer wieder als Grenzgänger,

ohne in einem der Teilbereiche Fuß zu fassen. Sein Weg führte aus einer einsamen Heidelandschaft über Den Haag in die englische und die französische Metropole, von den traditionellen Handelszentren Amsterdam und Brüssel in das südbelgische Kohlenrevier. Dieses Grenzgängertum wird rein äußerlich an seiner Dreisprachigkeit – flämisch, englisch, französisch – erkennbar. Es kommt in den Konflikten zum Ausdruck, die seinen Lebensweg bestimmten: in der Auseinandersetzung mit biederer Kirchenfrömmigkeit und kleinbürgerlichem Anstands- und Leistungsdenken, mit dem Großmachtgebaren des Handelsstandes, dem Dünkel der Amts- und Bildungsautoritäten und im Kampf gegen die Egozentrik der Kunstgenossen.

»Grenzgängertum« bedeutet im Hinblick auf van Goghs Kunst aber auch, daß er – obwohl stets an die Realität der sinnlichen Wahrnehmung gebunden – die scheinbar gesicherte Begrenzung der Wirklichkeit aufgehoben hat. Er durchdrang sie mit der Kraft des Mitgefühls – gegen konventionelle Künstlichkeit; mit der Kraft persönlicher Hingabe – gegen avantgardistische Überheblichkeit; mit der Kraft visionärer Empfindung – gegen immer engere Mauern der Mißachtung und des Mißtrauens. Wir erkennen diese Grenzüberschreitung in der Darstellung der zwischen Straße und Kornfeld, Sonne und Mond emporzüngelnden Zypressen, die unsere Bildfolge einleitet.

Kindheit und Jugend ohne Spuren

Der mittlere Landstrich entlang der niederländischen Grenze zu Belgien besaß um die Mitte des 19. Jahrhunderts einen rein ländlichen Charakter. Kleine Bauernhöfe, umgeben von Äckern und Feldern, wechselten mit hügeligem Heideland; die Weberei wurde am häuslichen Spinnrad und Webstuhl betrieben. Dies jedenfalls ist das Erinnerungsbild, das van Gogh angesichts der in den siebziger Jahren auch hier vordringenden Industrialisierung mit einer »gewissen Wehmut« aufzeichnete: ». . . ein neues Wirtshaus mit einem roten Ziegeldach auf so manchem Fleck, wo . . . noch eine Lehmhütte mit bemoostem Strohdach gestanden hat. Es wurde seither Heidegrund urbar gemacht, es sind Rübenzuckerfabriken entstanden und Eisenbahnen, die lange nicht so pittoresk sind« (an Rappard, August 1882).[3]

Zu den Ortschaften mit etwa 3000 Einwohnern gehörte Groot-Zundert. Das Amt des Predigers der Reformierten Gemeinde übte seit 1849 Theodorus van Gogh (geb. 1822) aus, eines von zwölf Kindern einer Pfarrersfamilie und seit 1851 verheiratet mit der drei Jahre älteren Anna Cornelia, geb. Carbentus. Diese brachte am 30. März 1852 als erstes Kind einen totgeborenen Sohn zur Welt, der im Geburtenregister von Groot-Zundert unter dem Namen Vincent Willem verzeichnet ist. Auf den Tag genau ein Jahr später wurde Anna Cornelia van Gogh von einem zweiten Sohn entbunden, der am 24. April 1853 auf denselben Doppelnamen getauft wurde.

Über die ersten Lebensjahre dieses Jungen wissen wir wenig. Daß es sich lohnen, ja notwendig sein würde, den Entwicklungsgang frühzeitig zu verfolgen, zeigte sich erst nach seinem Tode. So muß sich die Vorstellung mit dem allgemeinen Bild eines von der calvinistischen Ethik der Rechtschaffenheit und Tüchtigkeit geprägten Familienlebens mit intensiver religiöser Erziehung begnügen. Spekulationen über frühe psychische Belastungen durch den Umstand, daß Vincent gleichsam als Ersatz für seinen totgeborenen, in der Vorstellung der Eltern möglicherweise idealisierten Bruder heranwuchs, entbehren einer unmittelbaren Bestätigung. In seinen eigenen Äußerungen über prägende Eindrücke tauchen dagegen immer wieder die heimatliche Landschaft und deren Bewohner auf. So spricht er in dem oben zitierten Brief von der »herben Poesie der echten Heide«, die ihm wohl erhalten bleiben werde; Jahre später schreibt er an seine Mutter: »Niemals habe ich aufgehört, wie ein Bauer von Zundert auszusehen, beispielsweise wie Toon oder Piet Prins. Manchmal bilde ich mir ein, daß ich noch wie sie fühle und denke.«[4]

Trotz solcher Äußerungen ist es wahrscheinlich, daß der rothaarige, sommersprossige Predigersohn in der Dorfgemeinschaft als Außenseiter behandelt wurde. »Als Kind war er schwierig«, berichtet Johanna van Gogh-Bonger, »launenhaft, oft lästig und eigensinnig, und seine Erziehung war nicht dazu angetan, diesen Eigentümlichkeiten entgegenzuarbeiten; gerade ihrem Ältesten gegenüber zeigten sich die Eltern nur allzu nachgiebig.«[5] Die Familie wuchs rasch: am 17. Februar 1855 wurde die Schwester Anna Cornelia geboren, am 1. Mai 1857 der Bruder Theo(dorus). Es folgten die Schwestern Elisabeth-Huberta (1859) und Willemien (Wilhelmine) Jacoba (1862) sowie als Nachzügler der Bruder Cornelis Vincent (1867).

Vincent trat im Januar 1861 in die Dorfschule von Groot-Zundert ein. Natürlich sollte er eine bessere Ausbildung als die gewöhnlichen Dorfkinder erhalten, und so wurde er im Oktober 1864 in ein Internat in Zevenbergen gegeben. Über den Eintritt in das Institut schrieb Vincent rückblickend: »Es war ein Herbsttag, und ich stand auf der Freitreppe von Herrn Provilys Schule und sah dem Wagen nach, in dem Pa und Ma nach Hause fuhren. Dies gelbe Wägelchen sah man in der Ferne auf der Landstraße, wie sie sich – naß vom Regen, dünne Bäume zu beiden Seiten – durch die Wiesen hinzog. Der graue Himmel spiegelte sich in den Pfützen. Und etwa vierzehn Tage später stand ich eines Abends in einer Ecke des Spielplatzes, da sagte man mir, daß jemand nach mir gefragt, ich wußte nicht: wer, und einen Augenblick später flog ich meinem Vater um den Hals.«[6] Die bildhafte Detailgenauigkeit der Erinnerung bringt auf ebenso verhaltene wie eindringliche Weise das einschneidende Erlebnis der Trennung vom Elternhaus zum Ausdruck. Nach Jahren noch scheint der Blick jenes »gelbe Wägelchen« festhalten zu wollen, das sich als farbiger Punkt im Grau der Landschaft verliert. Umso beglückender das überraschende Wiedersehen des Elfjährigen mit dem Vater, dessen Fürsorge und Vorbild für den Knaben noch ihre Gültigkeit besaßen.

Nach zweijähriger Internatszeit in Zevenbergen besuchte Vincent eine Internatsschule in Tilburg. Hier schloß er im März 1868 mit knapp 15 Jahren seine schulische Ausbildung ab und kehrte nach Groot-Zundert zurück.

Im Kunsthandel: Den Haag – London – Paris

Die Ursprünge des Kunsthandels liegen in Italien und den Niederlanden: Hier fanden schon im 16. Jahrhundert öffentliche Kunstauktionen statt. Die Wechselwirkung zwischen Handel und Kunst wird deutlich in der marktgerechten Gliederung der niederländischen Malerei des 17. Jahrhunderts in einzelne Gattungen: es gab das Blumenstück, das Küchenstück, das Landschaftsstück, das Seestück . . . »Der Jahrmarkt oder die Kirchweih in Rotterdam«, so berichtete 1641 der Engländer Jahn Evelyn, »war dermaßen mit Bildern ausgestattet, daß ich überrascht wurde. Einige kaufte ich und sandte sie nach Hause. Der Grund für diese Menge von Bildern und ihre Billigkeit ist darin zu suchen, daß die Leute Mangel an Land haben, um ihr Geld darin anzulegen, so daß es eine gewöhnliche Erscheinung ist, einen einfachen Bauern neunzig, hundert und auch hundertdreißig Gulden auf diese Weise anlegen zu sehen.«[7] Schon damals hatte der Kunsthandel einen »goldenen Boden«.

Von den elf Geschwistern des Vaters waren drei als Kunsthändler tätig. Einer von ihnen, Onkel Vincent, hatte in Den Haag eine Galerie gegründet, der er auch nach dem Verkauf an die Pariser Kunsthandelsfirma Goupil et Cie als Teilhaber angehörte. In diese Filiale trat der 16jährige Vincent van Gogh am 30. Juli 1869 als Lehrling ein. Inwiefern

er zu dieser Zeit andere berufliche Pläne hatte, wissen wir nicht. Ebenso fehlen Zeugnisse über die ersten Lehrjahre als Verkäufer. Der 1872 einsetzende Briefwechsel mit dem Bruder Theo läßt Zufriedenheit mit dem Beruf erkennen. So enthält der Brief vom 18. Januar 1873 die Bemerkung, der Kunsthandel sei »ein schönes Geschäft, je länger man darin ist, um so mehr möchte man leisten«.[8] Um diese Zeit trat Theo in die Brüsseler Filiale von Goupil et Cie ein.

Mitte 1873 wurde der knapp 20jährige Vincent an die Londoner Filiale seiner Firma versetzt. Er fand Unterkunft in der Pension einer Mrs. Loyer. »Paß auf Dein Herz auf, mein Junge!« warnte er den Bruder im Brief vom 20. Februar 1874 – Ausdruck seiner wohl verschwiegenen Liebe zu Ursula, der Tochter seiner Wohnungsgeberin. Jedenfals wurde sein Heiratsantrag mit der Begründung abgelehnt, sie sei schon verlobt. Im Juli kehrte Vincent nach einem Ferienaufenthalt gemeinsam mit seiner Schwester Anna nach London zurück. Nur indirekt klingt die erlittene Enttäuschung an, wenn er gegenüber dem Bruder über die abendlichen Spaziergänge mit Anna bemerkt: ». . . ich finde dann alles wieder ebenso schön wie damals, als ich eben angekommen war.«[9]

Was sich tatsächlich im Innern des zurückhaltenden Kunsthandelsgehilfen abgespielt hat, wissen wir nicht. Auffallend ist jedoch, daß um diese Zeit seine intensive Beschäftigung mit Literatur und insbesondere der Bibel einsetzte. Julius Meier-Graefe spricht in diesem Zusammenhang von einem in Vincent geweckten »Stachel«: »Sollte man nicht nur zur Seligkeit auf der Welt sein? Der Sorglose wird nachdenklich, zieht sich von seiner Londoner Mitwelt zurück, vergräbt sich in Bücher. Nicht das Mädchen ist schuld. Kein bitterer Gedanke trifft sie, eher ist er ihr dankbar. Sein unerhört leichtfertiges oberflächliches Verhalten verdient die Rüge. Sie kam zur rechten Zeit. Nun heißt es, umsatteln. Man muß sich bessern, man muß hart zu sich selbst sein, alles selbstische Verlangen abtun. Christus hat uns ein Beispiel gegeben. An Christus kann man lernen. Dem Kommis, bis dahin einer der Millionen Kommis, wächst ein Gesicht, und das Gesicht verdirbt es mit den Kunden. Er wird nicht etwa träge, im Gegenteil, verdoppelt den Eifer. Er diskutiert mit Amateuren, anstatt ihnen Kupferstiche zu verkaufen, sucht ihre Empfindungen zu wecken, pocht an ihren bürgerlichen Panzer und wird störrisch, stößt er auf Unverständnis oder Widerwillen.«[10]

Möglicherweise als Reaktion auf dieses gewandelte Verhalten van Goghs wurde er im Oktober 1874 an das Pariser Stammhaus versetzt bzw. abgeschoben. Im Dezember kehrte er jedoch nach London zurück, um im Mai 1875 erneut nach Paris beordert zu werden.

Welche Erfahrungen, Anschauungen, Urteile bildeten sich durch den täglichen Umgang mit Kunst bei dem nunmehr sechs Jahre in seinem Beruf Tätigen heraus? Die Verurteilung des bestehenden Kunsthandels als reinem »Schwindel« stammt aus späteren Jahren; doch bereits zu dieser Zeit machte sich van Goghs Ablehnung der gängigen, vom Akademismus geprägten Kunstware bemerkbar. Andererseits blieben die tiefgreifenden Erneuerungen in der Malerei, die sich etwa in der ersten Gruppenausstellung der Impressionisten im Jahr 1874 ankündigten, unbemerkt; von der Existenz eines »Landschaftsmalers und Koloristen« namens Claude Monet erfuhr er beispielsweise erst 1885.[11] Mit Enthusiasmus erfüllte ihn dagegen das Schaffen von Jean-François Millet (geb. 1814), der sich 1849 der im Dorf Barbizon bei Fontainebleau tätigen Künstlergemeinschaft um Camille Corot und Théodore Rousseau angeschlossen hatte. Im Einklang mit der hier gepflegten naturnahen, stimmungsvollen Landschaftsmalerei gestaltete Millet die mühevolle Arbeit der bäuerlichen Bevölkerung (*Die Ährenleserinnen*, 1857; *Das Abendgebet*, 1859). Er starb am 20. Januar 1875 in Barbizon. Aus diesem Anlaß warfn in Paris Millets Zeichnungen zu sehen. »Als ich in den Saal des Hôtel Drouot kam, wo sie ausgestellt waren«, berichtete van Gogh am 29. Juni seinem Bruder, »hatte ich so ein Gefühl wie: Ziehe die Schuhe aus von Deinen Füßen, denn die Stätte, da Du stehst, ist heiliges Land.«[12]

Das der Bibel entnommene Bild spiegelt van Goghs intensive Beschäftigung mit religiösen Fragen, die ebenso der Brief vom 17. September 1875 erkennen läßt: »Gefühl, selbst feines Gefühl für die Schönheiten der Natur, ist nicht dasselbe wie religiöses Gefühl, obwohl ich glaube, daß diese beiden in enger Verbindung miteinander stehen. Fast jeder hat Gefühl für die Natur, der eine mehr, der andere minder, aber nur wenige gibt es, die fühlen: Gott ist ein Geist, und die ihn anbeten, die müssen ihn im Geist und in der Wahrheit anbeten.« Freilich enthält der

Brief auch die an den Bruder gerichtete Warnung: »Denke aber nicht zu tief über diese Dinge nach . . . Ebenso verhält es sich mit dem Gefühl für Kunst. Auch daran verliere Dich nicht allzusehr!«[13] Ganz offensichtlich hatte sich die Erfahrung verstärkt, daß beruflicher Erfolg nichts weniger als eigene Überzeugung, eigenes Urteil duldete. Die endgültige Bestätigung ließ nicht lange auf sich warten. Als van Gogh nach einem Weihnachts- und Neujahrsurlaub Anfang 1876 nach Paris zurückkehrte, erhielt er die Aufforderung, zum 1. April aus der Firma auszuscheiden. Es wurde ihm geschäftsschädigendes Verhalten vorgeworfen. So soll er etwa Kunden vom Kauf eines Bildes, das ihm selbst nicht gefiel, abgeraten haben. Auch habe er die erwartete Freundlichkeit, den »Dienst am Kunden«, vermissen lassen. Für ihn kam die Entlassung, wie er dem Bruder gestand, »nicht unerwartet«: »Wenn der Apfel reif ist, schüttelt ein Windhauch ihn vom Baum; so ist es auch hier; ich habe wohl allerlei getan, was in gewissem Sinne verkehrt war, und habe darum nur wenig zu sagen.«[14] Den Vorschlag der Familie, nunmehr selbständig im Kunsthandel tätig zu werden, lehnte er ab.

Dienst am Menschen

Noch von Paris aus bewarb sich van Gogh in London um eine Anstellung als Lehrer. Er erhielt sie durch einen Mr. Stokes in dem Seebad Ramsgate, jedoch ohne Gehalt zu beziehen. Daraufhin nahm er eine neue Anstellung in Isleworth bei London an, wo er einen Methodistenprediger als Hilfslehrer unterstützte und zum ersten Mal als Laienprediger tätig wurde: »Ich hatte ein Gefühl wie jemand, der aus einem dunklen unterirdischen Gewölbe wieder ans freundliche Tageslicht kommt, als ich auf der Kanzel stand«, berichtete er seinem Bruder, »und es ist mir ein herrlicher Gedanke, daß ich fortan überall das Evangelium predigen werde, wohin ich auch kommen mag.«[15] Doch aus Gründen, die wir nicht kennen, blieb es wohl bei dieser einen Predigt und bei einem kurzen Aufenthalt in Isleworth.

Am 31. Dezember 1876 traf van Gogh in Etten ein, wohin sein Vater im Oktober des Vorjahres als Pfarrer berufen worden war. Die Familie akzeptierte seinen Wunsch, Geistlicher zu werden, allerdings bestand man auf dem »amtlichen« Werdegang. Dies bedeutete: Erwerb eines Examens als Vorbedingung des Theologiestudiums. Nach einer vorübergehenden Beschäftigung in der Dordrechter Buchhandlung Blussé & van Braam zog van Gogh im Mai 1877 nach Amsterdam, wo ihm sein Onkel Jan van Gogh, Direktor der Marinewerften, ein Zimmer zur Verfügung stellte. Durch Vermittlung des Pfarrers Stricker, verheiratet mit der ältesten Schwester seiner Mutter, erhielt er in N. B. Mendes de Costa einen tüchtigen Lehrer in Latein und Griechisch; hinzu kamen Fächer wie Algebra und Geometrie. Bereits im März, während seiner Tätigkeit in Dordrecht, hatte er Theo anvertraut: »Ich wünschte, ich hätte die viele mühsame Arbeit schon hinter mir, die nötig ist, zu einem Diener des Evangeliums zu werden.«[16] Ein Jahr lang kämpfte er darum, diese Hürde zu überwinden. Dem Bericht seines

Lehrers zufolge strafte er sich im Bewußtsein des Versagens durch körperliche Züchtigungen oder sperrte sich selbst aus dem Haus seines Onkels aus, um im Freien übernachten zu müssen. Den drohenden Mißerfolg empfand er als »Schande«. Schließlich mußte er sich der Einsicht beugen, daß er das Ziel einer akademisch fundierten theologischen Laufbahn nicht erreichen würde. Doch worin bestand denn überhaupt die Verbindung zwischen den ihm abverlangten Leistungen und dem Beruf, der Berufung zum »Diener des Evangeliums«?

Van Gogh kehrte nach Etten zurück, um Ende August an einem dreimonatigen Kurs der Evangelistenschule in Laeken bei Brüssel teilzunehmen. Zwar legte er die Abschlußprüfung ab, jedoch ohne sich zu qualifizieren. Man bemängelte die Unfähigkeit zur freien Rede. Dennoch reiste van Gogh Ende des Jahres in das belgische Kohlenrevier im Borinage, einer Landschaft der südbelgischen Provinz Hennegau.[17] Tatsächlich erhielt er kurz darauf die Erlaubnis, für ein halbes Jahr in Wasmes im Auftrag der Kirche als Evangelist tätig zu sein.

Im Auftrag der Kirche, das hieß: als Vertreter der Autorität. Van Gogh jedoch übte rückhaltlose Solidarität mit den Notleidenden, die weder bei den Bergarbeiterfamilien noch bei den Behörden Anerkennung fand. Was sollte von einem Prediger zu halten sein, der alles, was er besaß, den Armen gab, Hilfe bei Unfällen leistete, sich äußerlich den Grubenarbeitern anglich, indem er sich das Gesicht schwärzte, und schließlich in einer ärmlichen Bretterhütte hauste? Nach Ablauf des ihm zugestandenen halben Jahres wurde ihm der Auftrag entzogen – von »Kirchenleuten«, die »einer alten akademischen Schule« angehörten und »eine stählerne Rüstung von Vorurteilen und Konventionen« trugen, wie van Gogh bitter urteilte. Er selbst berief sich demgegenüber auf die Notwendigkeit eines tatkräftigen, barmherzigen Christentums, wie es der niederländische Mystiker Thomas von Kempen (1379/80−1471) in seiner Schrift »De imitatione Christi« (»Über die Nachfolge Christi«) gefordert hatte. Um seiner Überzeugung treu zu bleiben, übte er nun das Evangelistenamt in Cuesmes in eigenem Auftrag aus.

Auf Drängen der Familie übernahm es Theo, den Bruder zur Umkehr und einem ordentlichen Beruf zu bewegen. Der Inhalt der Gespräche ergibt sich aus van Goghs Brief vom 15. Oktober 1879, in dem es heißt: ». . . solltest Du nun aus meinen Äußerungen schließen, daß ich Dich mit Deinen Ratschlägen für einen Quacksalber halte, so würdest Du mich ganz falsch verstanden haben, denn so denke ich nicht von Dir. Wenn du andererseits glaubst, ich hielte es für richtig, Deinen Rat wörtlich zu befolgen und Lithograph von Briefköpfen und Visitenkarten oder Buchhalter oder Lehrjunge zu werden . . . so würdest Du Dich auch irren. Aber, sagst Du, ich gebe Dir diesen Rat auch nicht, damit Du ihn wörtlich befolgst, sondern weil ich dachte, Du hättest Geschmack am Rentnerdasein gefunden, und weil Du meiner Meinung nach Schluß damit machen solltest.«[18]

Wer ihm, dem aus christlicher Nächstenliebe Elenden, »Geschmack am Rentnerdasein« unterstellen konnte, mußte mit völliger Blindheit geschlagen sein. Erst Monate später versuchte Vincent, seinem Bruder das Verzweifelte seiner Existenz als »Nichtstuer« vor Augen zu führen:

»Es gibt Nichtstuer aus Faulheit und Charakterschwäche, aus seelischer Gemeinheit – Du kannst mich, wenn Du so über mich denkst, für so einen halten. Dann gibt es den anderen Nichtstuer, den Nichtstuer wider Willen, der innerlich von einem leidenschaftlichen Wunsch nach Tätigkeit verzehrt wird, der nichts tut, weil es ihm unmöglich ist, etwas zu tun, weil er gleichsam gefangen ist, weil er nicht hat, was er braucht, um produktiv zu sein, weil es sein Mißgeschick so gefügt hat; ein solcher Mensch weiß manchmal selbst nicht, was er tun könnte, aber er fühlt instinktiv: ich bin doch zu etwas gut, ich habe eine Daseinsberechtigung! ich weiß, daß ich ein ganz anderer Mensch sein könnte! Wozu nur könnte ich taugen, wozu könnte ich dienen? Es ist etwas in mir, was ist es nur!«[19]

Die Kirche von Auvers, Öl auf Leinwand, 1890, Musée du Jeu de Paume (Musée de l'Impressionisme), Paris

Gegen Ende des Jahres 1879 ereignete sich die im Einzelnen kaum re-konstruierbare Wandlung van Goghs, seine Hinwendung zur Kunst als letzter Möglichkeit, zu den Mitmenschen in Beziehung zu treten: »Da er den Leuten im Borinage nicht predigen darf, da ohne irgendeine Predigt die Möglichkeit höherer Gemeinschaft verschlossen ist, nähert er sich ihnen mit dem Ausdruck des Zeichners. Er sichert sich ihren Besitz im Bilde.«[20]

Einige Skizzen waren während der Ausbildung in Brüssel im Sommer 1878 entstanden. Als künstlerisches Vorbild besaß er schon seit Jahren Millet, aber auch den in Courrières tätigen, gleichfalls durch Bauerndarstellungen hervorgetretenen Jules Breton (1827—1907). »Le réalisme« lautete die 1855 von Gustave Courbet (1819—1877) als Titel seiner Pariser Protestausstellung geprägte Parole, unter der sich in den sechziger und siebziger Jahren der Kreis der darstellungswürdigen Sujets erheblich erweitert hatte. Dies galt sowohl für die Malerei als auch für die Druckgraphik, die durch Publikationen Verbreitung fand. So konnte sich van Gogh im Februar 1882 an den Bruder mit der Bitte wenden: »Wenn Du in Erfahrung bringen kannst, welche Art Zeichnungen man an illustrierte Zeitschriften loswerden könnte, mußt Du es mir mal mitteilen. Mir scheint, sie müßten da Federzeichnungen von Volkstypen gebrauchen können, und ich würde so gerne darauf hinarbeiten, etwas zu machen, was sich zur Reproduktion eignet.«[21] Er war davon überzeugt, bisher Unbeachtetes ins Blickfeld rücken zu können: »Bergleute und Weber sind ein Menschenschlag für sich, anders als andere Arbeiter und Handwerker; ich empfinde große Sympathie für sie und würde mich glücklich schätzen, wenn ich eines Tages diese noch unbekannten oder fast unbekannten Typen so zeichnen könnte, daß sie bekannt würden. Der Mann aus der tiefsten Tiefe, ›de profundis‹, ist der Kohlengrubenarbeiter; der andere mit der grübelnden, beinah träumerischen, beinah nachtwandlerischen Miene ist der Weber. Nun lebe ich schon bald zwei Jahre unter ihnen und habe ihre eigentümliche Wesensart kennen gelernt, wenigstens die der Grubenarbeiter. Und mehr und mehr finde ich etwas Herzbewegendes, ja sogar Herzzerreißendes in diesen armen, ungekannten Arbeitern, den letzten von allen sozusagen, den Verachtetsten, die man sich gewöhnlich kraft einer vielleicht lebhaften, aber fehlgehenden und ungerechten Phantasie wie eine Schar von Bösewichtern und Briganten vorstellt. Bösewichter, Säufer, Briganten gibt es hier wie anderswo . . .«[22] Er fühlte, daß seine »Arbeit im Herzen des Volkes« lag, aber auch, daß er sich »an das Alltägliche halten und tief ins Leben hineingreifen und durch viele Mühsal und Sorge vorwärts kommen« mußte.

Hilfsmittel der zunächst autodidaktischen Bemühungen van Goghs bildeten anatomische und perspektivische Lehrbücher, eine systematische Zeichenschule für Laien (Bargues »Cours de dessins«) sowie Kunstreproduktionen. Seine wohl letzte in Cuesmes ausgeführte Arbeit ist eine Bleistift- und Rötelzeichnung nach Millets *Abendleuten;* die Kopie trägt die fortan verwendete Signatur »Vincent«.

Die Liebe zur »Dame Natur und Wirklichkeit«

Von Mitte Oktober 1880 bis Mitte April 1881 lebte van Gogh in Brüssel, um sich an der Akademie fortzubilden. Für seinen Lebensunterhalt
sorgte so gut wie möglich, also bescheiden, die Familie, vor allem der
Bruder Theo, der inzwischen an das Pariser Stammhaus von Goupil et
Cie versetzt worden war. Schon bald trat Vincent zu dem fünf Jahre jüngeren, wohlhabenden Kunststudenten Anthon G. A. Ridder van Rappard in Beziehung, der ihm einen Arbeitsplatz in seinem Atelier ein-
räumte. Der Beginn ihres vom September 1881 bis zum September
1885 reichenden Briefwechsels (von dem mit einer Ausnahme nur die
Briefe van Goghs erhalten sind) spiegelt das Ergebnis des Aufenthaltes
in Brüssel wider: Verachtung für den offiziellen Lehrbetrieb. Die Akademie ist »eine Mätresse, die es verhindert, daß eine ernstere, eine wär-
mere, eine fruchtbarere Liebe in Dir erwache«, warnte van Gogh von
Etten aus den Freund und forderte ihn auf: »Laß die Mätresse laufen
und verliebe Dich über die Ohren in Deine eigentliche Geliebte, die Dame Natur und Wirklichkeit.« Doch steckte hinter solchen Sirenenklän-
gen nicht die zerstörerische Arglist des hoffnungslosen Dilettanten, dem
angesichts des eigenen Unvermögens die Karrierechancen des Jüngeren ein Dorn im Auge waren? Van Gogh ahnte, daß dieser Verdacht auf
ihn fallen würde, und baute daher vor: »Rappard, warum glaubst Du
wohl, daß ich so zu Dir spreche und schreibe? Weil ich Dir einen Strick
drehen will oder weil ich ein Verführer bin, der Dich in einen Brunnen
fallen lassen will, oder vielleicht deshalb, weil ich Grund hatte zu denken, ›Rappard wagt sich aufs Glatteis!‹«[23] Schließlich lenkte er ein: »Du
und auch andere mit Dir, Ihr seid selbst dann, wenn Ihr auch de facto
auf die Akademie geht, in meinen Augen natürlich keine Akademiker in
dem verabscheuungswürdigen Sinne des Wortes. Ich sehe Dich nämlich
nicht für einen von jenen eingebildeten Menschen an, die man die Phari-
säer der Kunst nennen könnte« (2. November 1881).[24]

In Brüssel hatte van Gogh begonnen, eine Graphiksammlung anzulegen und durch Tausch mit Freunden zu erweitern. Freilich handelte es sich in der Regel nicht um Originalblätter. Neben Illustrationen und Studien enthielten die Zeitschriften[25], aus denen van Gogh seine Sammlung gewann, Szenen im Stil der Kolportage – Darstellungen, die in Thematik und Stil an ein Massenpublikum gerichtet waren. Als Beispiel mag eine Arbeit des Engländers Luke Fildes (1844–1927) dienen, die der Sammler im Februar 1883 so beschrieb: ». . . eine Szene in einem Gefängnishof, wo Polizisten einen Dieb oder Mörder, von dem man eine Aufnahme machen will, festhalten. Der Kerl will sich dem aber nicht unterziehen und wehrt sich. In der anderen Ecke der Komposition der Photograph und die Zuschauer.«[26]

Bildreportagen dieser Art fanden van Goghs Beifall – aber wohl nur deshalb, weil sie dem auf Studien nach Gipsabgüssen basierenden akademischen Lehrangebot entgegengesetzt waren. Für die eigene Arbeit blieben sie ohne Belang. Die etwa 50 Zeichnungen, die aus der Zeit des Aufenthalts in Etten erhalten sind, zeigen Landschaftsstudien sowie Einzelgestalten: einen Mann mit Besen, einen grabenden Bauern, einen *Jungen Bauern mit Sichel* (s. unten). Van Gogh war sich vollkommen darüber im klaren, daß er noch einen weiten Weg vor sich hatte, um dem als »wirklich« Erkannten Gestalt verleihen zu können. Dennoch: er hatte »messen und sehen und große Linien suchen gelernt«. Gleichzeitig mußte er Rappard eingestehen: »Deine Bemerkung über die Figur des Sämanns, von dem Du sagst, das sei kein Mann, der sät, sondern ein Mann, der für einen Sämann Modell steht, ist sehr wahr. Ich betrachte jedoch meine jetzigen Studien als Studien nach Modell, sie haben nicht die Prätension, etwas anderes zu sein. In einem Jahr oder in ein paar Jahren werde ich erst dazu kommen, einen Sämann zu machen, der sät; darüber bin ich mit Dir einig« (15. Oktober 1881).[27]

Junger Bauer mit Sichel, schwarze Kreide und Aquarell, 1881, Rijksmuseum Kröller-Müller, Otterlo

Mitte April 1881 hatte van Gogh Brüssel verlassen und war zu seinen Eltern zurückgekehrt. Hier begegnete er seiner verwitweten Kusine Kee Vos, Mutter eines vierjährigen Sohnes. Auch sie stammte aus einem Pfarrhaus; ihr Vater, Pastor Stricker, war in Amsterdam tätig. Vincent verliebte sich und hielt schon nach kurzer Zeit um ihre Hand an. Mit dem erschreckten Ausruf »Niemals, nein, nimmermehr!« soll sie ihren Vetter abgewiesen haben. Anfang September berichtete van Gogh dem Bruder vom Scheitern seines Antrags, aber auch von seiner Entschlossenheit, Kees Widerstand zu brechen. Da sie nach Amsterdam zurückgekehrt war, bestürmte er sie durch zahllose Briefe, die sämtlich ungeöffnet blieben. Schließlich reiste er ihr nach. Kee verweigerte jegliche Gelegenheit zu einer Aussprache, ihre Eltern empfanden van Goghs Beharrlichkeit als »abstoßend«, »ekelhaft«. Van Goghs eigenem Bericht an Theo zufolge unternahm er einen letzten verzweifelten Versuch: »Ich hielt meine Finger in die Flamme der Lampe und sagte: ›Laßt sie mich so lange sehen, wie ich meine Hand in die Flamme halte.‹«[28] Doch römischer Heroismus oder christliche Abtötung des Fleisches im wörtlichen Sinne gehörten der Sage oder dem finsteren Mittelalter an. Sympathie oder gar Liebe waren auf diese Weise kaum zu erringen. »Niemals, niemals!« soll Pastor Stricker geschrien haben, während die Lampe gelöscht wurde und van Gogh die Sinne schwanden.

Dies alles spielte sich unter Verwandten ab. Entsprechend hart wurde Vincent mit der Anklage konfrontiert, die Familienbande zerstört zu haben, anstatt sich der Einsicht in das Unabänderliche zu fügen. Doch gegen eben dieses »Joch« hatte er angekämpft, gegen die »schwarze Bestie« (»bête noire«) der Resignation. »Du weißt vielleicht nicht einmal«, schrieb er am 21. November von Etten aus an Rappard, »daß es in der Theologie ein Resignationssystem gibt mit einem Nebenzweig, der Selbstabtötung. Und wäre das nur etwas, das bloß in der Einbildung und in den Schriften oder Predigten der Theologen besteht, so würde ich mich nicht mehr damit abgeben, aber leider ist es eine der unerträglichen Lasten, die gewisse Theologen den Menschen auf den Nacken legen, die sie aber selbst mit keinem Finger anrühren. Daher gehört die Resignation leider in das Gebiet der Wirklichkeit ... Aber als sie mir dieses Joch auflegen wollten, da habe ich gesagt: Zum Teufel damit! Und das fanden sie sehr unehrerbietig.«[29]

Mit den »gewissen Theologen« ist zweifellos auch oder gerade der Vater gemeint, der beispielsweise die Weigerung des Sohnes, am regelmäßigen Kirchgang teilzunehmen, nicht akzeptierte. An derlei Konflikten entzündeten sich heftige Streitgespräche, die Weihnachten 1881 schließlich zum Bruch führten. Van Gogh sah sich aus dem Vaterhaus verbannt. Mit äußerster Mißbilligung reagierte der Bruder: »... wie konntest Du nur so kindisch und unverschämt sein, Pa und Ma das Leben so zu verbittern!« Vincent entgegnete: »... Wenn man Pa etwas sagt, worauf er nichts mehr zu antworten weiß, dann kommt er immer mit einem derartigen Ausspruch, z. B. sagt er: ›Du bist mein Tod‹, während er seelenruhig die Zeitung liest und seine Pfeife raucht.«[30]

Auf dem Weg von Amsterdam zurück nach Etten hatte van Gogh in Den Haag den (entfernt verwandten) Maler Antonij Mauve (1838–1888) aufgesucht, der durch Tier- und Stranddarstellungen zu lokaler Berühmtheit gelangt war. Mauve erklärte sich bereit, Vincent künstlerischen Unterricht zu erteilen. Im Brief an Rappard vom 3. Dezember 1881 heißt es: ». . . ich hänge zwischen 2 oder 3 Ateliers, ich muß mich vor dem 1. Januar entscheiden«.[31] Van Gogh verwirklichte demnach, als er am 25. Dezember Etten verließ und nach Den Haag reiste, ein schon länger geplantes Vorhaben. Durch Mauves Vermittlung konnte er ein Atelier am Schenkenweg beziehen.

Ein Rest von Familienfürsorge blieb van Gogh auch nach dem Zerwürfnis erhalten. Den Eltern zuliebe fanden sich zwei Kunsthändler bereit, Zeichnungen anzukaufen: Vincents früherer Vorgesetzter Herr Tersteeg, Leiter der Filiale von Goupil et Cie in Den Haag, und der Amsterdamer Onkel Cornelis van Gogh. Was sie angeboten bekamen, erschien ihnen jedoch ohne allen Handelswert. »Natürlich – die reichen Händler«, empörte sich der Zurückgewiesene gegenüber Rappard, »das sind die braven, ehrlichen, aufrechten, loyalen, feinfühligen Leute, und wir die armen Hunde, die wir da sitzen und zeichnen, draußen, auf der Straße oder im Atelier, manchmal am frühen Morgen, manchmal bis tief in die Nacht, manchmal in der Sommerhitze, manchmal im Schnee, wir sind die Menschen ohne Feingefühl, ohne praktischen Verstand, ohne ›Formen‹ vor allem. Gelungen, nicht wahr?«[32]

Doch es waren nicht allein Thema und Stil seiner Zeichnungen – realistische Darstellungen der Straßen und Hinterhöfe von Den Haag –, die ihm solch kränkende Zurechtweisungen eintrugen. Sein Lebenswandel erregte gleichermaßen Anstoß. Er hatte zu Beginn des Jahres eine Frau namens Clasina Maria Hoornik kennengelernt, von der es hieß, sie sei eine ehemalige Prostituierte. »Christinen« bzw. »Sien«, wie Vincent sie nannte, war ihm Modell und bald auch Lebensgefährtin. Sie hatte – wie Kee – ein vierjähriges Kind und war erneut schwanger. »Es wird ja schon etwas geklatscht darüber, daß ich immer mit ihr zusammen bin«, berichtete er Rappard, »aber was brauche ich mich darum zu kümmern? Ich habe noch nie eine so gute Hilfe gehabt, wie diese häßliche??? verblühte Frau. Für mich ist sie schön, und ich finde gerade das in ihr, was ich brauche. Das Leben ist über sie hingegangen, und Leid und widriges Geschick haben sie gezeichnet – jetzt kann ich etwas mit ihr anfangen.«[33]

Wir kennen Sien unter anderem durch die Zeichnung *Frau mit Zigarre auf dem Boden sitzend:* über dem quaderförmigen Sockel aus Rumpf und angezogenen Beinen, um die sich die Arme schlingen, erhebt sich in strenger Profilansicht ihr Haupt. Diese statuarische Ruhe, vergleichbar der einer ägyptischen Hocker-Statue, kontrastiert mit dem Ausdruck von Sorge und Ermattung in den unter hochgezogenen Augenbrauen gesenkten Lidern, der scharfen Falte vom kräftig modellierten Nasenflügel zum Kinn und im herabgezogenen Mundwinkel. Die wohl ebenfalls im April 1882 entstandene Zeichnung *Sorrow* (s. oben)

Sorrow, Lithographie,
(nach der gleich-
namigen Zeichnung),
1882,
Rijksmuseum
Vincent van Gogh,
Amsterdam

verzichtet auf die Darstellung von »Sorge, Kummer, Leid« im Antlitz. Vielmehr ist der nun unverhüllte Körper, der doch gerade in seiner Ungestalt des Schutzes bedürfte, der Gegenstand genauer Betrachtung. Gerade diese Genauigkeit erweist sich als Ausdruck unmittelbaren Mitempfindens. Van Gogh nahm die Zeichnung zum Anlaß, dem Bruder gegenüber die eigene Kunstauffassung zu begründen: »Ich will Zeichnungen machen, die einige Menschen bewegen und rühren. ›Sorrow‹ ist ein kleiner Anfang; vielleicht ist so eine kleine Landschaft wie die Allee von Meerdervoort oder die Rijkswijker Wiesen oder die Fischtrocknerei auch ein kleiner Anfang; darin ist wenigstens etwas unmittelbar aus meinem eigenen Gemüt. Ob nun Figur oder Landschaft – ich möchte nicht etwas Sentimental-Wehmütiges ausdrücken, sondern ernsten Schmerz. Kurz, ich will es so weit bringen, daß man von meiner Arbeit sagt: dieser Mann fühlt tief, und dieser Mann fühlt fein. Trotz meiner sogenannten Grobheit, verstehst Du, vielleicht gerade darum.«[34]

Van Gogh hatte sich – wohl durch den Umgang mit Christinen – eine Geschlechtskrankheit zugezogen und mußte Anfang Juni 1882 zur stationären Behandlung ins Krankenhaus. Währenddessen näherte sich die Schwangerschaft seiner Lebensgefährtin ihrem Ende. In der Nacht vom 30. Juni zum 1. Juli wurde sie in Leiden von einem Sohn entbunden. Gegen den Willen seines Arztes suchte van Gogh sie im Spital auf und bot ihr an, zu ihm nach Den Haag zurückzukehren. Im Schenkenweg Nr. 138 fand er eine gemeinsame Wohnung. Über das Kind, die Mutter, die eigenen Empfindungen sowie die Reaktionen der Umwelt schrieb van Gogh seinem Freund van Rappard im Februar 1883: »Es ist ein allerliebstes, springlebendiges Kerlchen von jetzt 7 bis 8 Monaten. Seine Wiege habe ich seinerzeit selbst auf meinen Schultern vom Trödler gebracht, und das Kindchen war mir den ganzen dunklen Winter wie ein Licht im Hause. Und die Frau, obwohl sie nicht stark ist und dessenungeachtet hart arbeiten muß, um die ganze Wirtschaft in Ordnung zu halten, ist doch auch stärker geworden. So siehst Du, daß ich, bestrebt, zu den Tiefen der Kunst durchzudringen, auch im Leben selbst danach trachte – das geht zusammen. . . . Man sollte einander helfen und vertrauen, denn es gibt in der Gesellschaft ohnehin schon genug Feindseligkeiten, und alle würden besser fahren, wenn sie einander nicht benachteiligten. Durch Eifersucht werden viele dazu getrieben, schlecht über andere zu reden, systematisch – und was kommt dabei heraus? – anstelle eines großen Ganzen – ein Malerkorps, durch Eintracht stark –, daß jeder in sein Schneckenhaus kriecht und für sich allein arbeitet; – und die Herrchen, die jetzt in den vordersten Reihen sind, schaffen gerade durch ihre Eifersucht eine Art Wüste um sich her, und das ist, dünkt mich, für sie selbst ein Unglück.« Van Gogh schließt seinen Brief mit dem Bekenntnis: »Ich habe so manche Illusion gehabt und Enttäuschungen erlebt mit anderen Frauen, und früher dachte ich nicht, daß ich es noch so treffen würde. Aber in dieser Frau war für mich etwas so Ergreifendes, wie sie als Mutter so allein und verlassen dastand, daß ich nicht zögerte; und ich glaube nicht, daß ich unrichtig gehandelt habe, weder damals noch jetzt. Denn, wenn eine Frau Mutter ist, und sie ist verlassen und in Not – da darf man nicht vorbeigehen, meiner Ansicht nach.«[35]

Van Gogh glaubte an die Möglichkeit, mit Christinen die Ehe schließen zu können. Zwar war »›l'amour‹ tot«, doch sollte »dann nicht vielleicht ›la charité‹« – die (christliche) Nächstenliebe – »noch lebendig und wach sein können?«[36] Doch der Bruder Theo, von dem van Gogh weiterhin finanziell abhängig war, setzte diesem Plan seinen entschiedenen Widerstand entgegen. Zugleich veränderte sich das als lichtvoll empfundene Zusammenleben mit Christinen unter dem Einfluß von deren Familienangehörigen. »Was ich Dir in einem früheren Brief schrieb, daß die Frau bestimmte Versprechen einfach gebrochen hatte –«, so mußte van Gogh schließlich seinem Bruder eingestehen, »das war schon schlimm genug; sie hatte Schritte unternommen, ihr Geld als Hure zu verdienen; die Mutter hatte ein geeignetes Zimmer ausfindig gemacht und ihre Tochter dazu bewogen.«[37] Vincents Wunsch, Den Haag zu verlassen und gemeinsam aufs Land zu ziehen, kam Christinen nicht nach. So sah sich van Gogh gezwungen, allein aufzubrechen. Er reiste Anfang September in die Provinz Drente im Nordosten der Niederlande, wo er sich bis Ende November in den Ortschaften Hogeveen und Nieuw-Amsterdam aufhielt. Anfang Dezember 1883 kehrte er zu seiner Familie zurück, die nun in Nuenen wohnte.

»Die Kartoffelesser«

Während des anderthalbjährigen Aufenthaltes in Den Haag hatte sich van Gogh zunehmend um figürliche Darstellungen bemüht, ausgeführt als Kohle- oder Bleistiftzeichnungen. Ab Mitte 1882 widmete er sich neben dem Aquarell der Ölmalerei, bald darauf folgten Versuche in der Lithographie. Unabdingbare Voraussetzung seines Schaffens war die Arbeit nach Modellen. Als solche dienten ihm die Bewohner eines Altenheims, Bauern, Seeleute, Fischersfrauen. Mit dieser Themenwahl befand er sich im Einklang mit der »Haager Schule«, die etwa durch den Genremaler Jozef Israels (1824–1911) repräsentiert wurde. Ohnehin besaß die Darstellung des Volkslebens in den Niederlanden eine Tradition, die bis ins 17. Jahrhundert zurückreichte und in den Elendsgestalten Rembrandts eine unvergleichliche Eindringlichkeit gewonnen hatte. Bestärkt wurde van Gogh durch den sozialen Realismus in den Romanen von Charles Dickens (1812–1870), Emile Zola (1840–1902) und George Eliot (Pseudonym von Mary Ann Evans, 1819–1880). Andererseits erkannte er in Haltung und Gestaltungsweise der »Volksmaler« seines Bekanntenkreises mangelnde Wahrhaftigkeit, bedingt durch ihr Streben nach »Technik« und »Atelier-Eleganz«. Ein Brief an Rappard vom April 1884 enthält die ebenso provozierende wie programmatische Feststellung: »Aber ich, für mich, nehme mir vor – auch dann, wenn ich meinen Pinsel schon viel besser meistern werde als jetzt – den Leuten systematisch zu sagen, daß ich nicht malen kann.«[38]

Der Vorwurf »nicht malen zu können« hat von jeher die künstlerische Avantgarde getroffen, indem sie es wagte, die konventionellen Darstellungs- und damit Sehgewohnheiten zu mißachten. Dennoch steht van Goghs Bekenntnis in engerem Zusammenhang mit der Entstehung der »Moderne«. Ja, es scheint deren Echo »Und das soll Kunst sein?« vorauszuahnen. Erkennbar wird in seiner Leistungsverweigerung ein Kunstverständnis, das die Kunst als radikalen Gegenentwurf zu den bestehenden gesellschaftlichen Normen begreift, mit dem Ziel, diese zu verändern. Van Gogh verdeutlichte Rappard seine Position am Beispiel der Beziehung zwischen Redner und Publikum: ». . . denken wir uns einen Mann, der etwas zu sagen hat und in der Sprache spricht, von der auch seine Zuhörerschaft von Natur aus einen Begriff hat. Dann – wird sich jedesmal die Erscheinung offenbaren, daß der, der die Wahrheit spricht, wenig oratorische Eleganz hat – und nicht nach dem Geschmack der Mehrheit seiner Zuhörer ist – ja, daß er noch beschimpft wird, daß er ›eine schwere Zunge‹ habe, ›sich schwer ausdrückt‹, und dafür verachtet wird.« Dem möglichen Einwand, dies sei lediglich eine negative Bestimmung von Kunst, setzte van Gogh entgegen, sein Gedanke habe seinen Grund »in etwas Positivem«: »In dem positiven Bewußtsein, daß die Kunst etwas ist, größer und höher als unsere eigene Geschicklichkeit oder Gelehrsamkeit oder Wissenschaft. Daß die Kunst etwas ist, das, obwohl durch Menschenhände hervorgebracht, doch nicht von den Händen allein vollbracht wird, sondern aus einem tieferen Brunnen quillt, aus unserer Seele; und daß ich in der Geschicklichkeit und den technischen Kenntnissen in Bezug auf die Kunst etwas finde, was mich an das erinnert, was man in der Religion Selbstgerechtigkeit nennt.«[39]

Van Goghs Absage an technische Perfektion im herkömmlichen Sinne hemmte nicht die Arbeit an der Entwicklung seiner Ausdrucksmittel. Im Gegenteil: ». . . an seiner Technik arbeiten – das muß man insofern, als man besser, richtiger, inniger sagen muß, was man fühlt, – aber mit je weniger weitschweifigen Worten, desto besser.«[40] Hierbei trat die Malerei in den Mittelpunkt. Während in Den Haag und Drente knapp 30 Gemälde und über 200 Zeichnungen entstanden waren, umfaßt der im gleichen Zeitraum von knapp zwei Jahren in Nuenen geschaffene Anteil am Gesamtwerk etwa 185 Gemälde, begleitet von fast 250 (katalogisierten) Zeichnungen. Neben etwa 40 Landschaften und ebensovielen Stilleben ist das malerische Werk dieser Schaffensperiode vor allem zwei Themen gewidmet: den Webern und den Bauern. Zu ersterem gehört die im Februar 1884 entstandene Federzeichnung *Der Weber* (s. unten), eine Vorstudie zu dem Gemälde *Der Webstuhl* vom Mai 1884. Für van Gogh galt es, eine Maschine darzustellen, in welcher der Mensch als »schwarzer Affe oder Kobold oder Spuk« in Erscheinung tritt. Das, »was man fühlt«, sollte im Gegenstand erkennbar werden: ». . . wenn Du meine

Der Weber, Feder, weiß gehöht, 1884, Rijksmuseum Vincent van Gogh, Amsterdam

Studie neben eine Zeichnung eines Sachverständigen legst, der ein Modell von einem Webstuhl gezeichnet hat«, schrieb er an Rappard, »so wird der meine mehr ausdrücken, daß das Ding aus Eichenholz ist, schmutzig geworden durch verschwitzte Hände, und zuweilen, wenn Du es anschaust (ob ich ihn nun überhaupt nicht hineingezeichnet hätte oder ob ich ihn nun unproportioniert hineinzeichne) – Du wirst bisweilen unwillkürlich an den Arbeiter denken, während absolut nichts von diesen Gedanken in Dir aufsteigen wird, wenn Du das Modell eines Webstuhls von einem Sachverständigen anschaust. Es muß manchmal eine Art Seufzer oder Klage aus diesem Lattengerümpel kommen.«[41]

Eine Zusammenfassung der Gegenstands-, Figuren- und Porträtstudien ist das im April/Mai 1885 geschaffene Gemälde *Die Kartoffelesser* (s. Abb. S. 26/27). Van Gogh bezeichnete es mehrfach als »die Komposition«. Er kennzeichnete damit sein Verfahren, die im Detail studierten Bildelemente »zusammenzusetzen«, aber auch den Anspruch, eine in sich geschlossene Darstellung seines Themas – der bäuerlichen Existenz – zu erreichen. Der Inhalt: fünf Personen, altersmäßig in drei Generationen unterschieden, nehmen gemeinsam eine nächtliche Mahlzeit ein, bestehend aus Kartoffeln und Kaffee. Die Verbindung zwischen den Personen wird durch die Mittel gestischer und mimischer Bezüge, durch die räumliche Eingrenzung und eine zentrale Lichtquelle hergestellt. Insofern läßt sich das Gemälde als Bühnenszene betrachten. Damit wäre jedoch das künstlerische Interesse van Gohs an seinem Gegenstand verkannt. Die Gestaltungsweise widersetzt sich jeglicher Inszenierung und zielt stattdessen auf Unmittelbarkeit der Wirkung, die den Verstoß gegen Merkmale der bäuerlichen Genremalerei voraussetzt. Diese entsprach bislang der Perspektive des Städters, der künstlerische Veredlung auch da erwartete, wo Armut und Mühsal zur Darstellung gelangten. Vor diesem Hintergrund rechtfertigte van Gogh gegenüber seinem Bruder das Werk: »Ich habe mich bewußt darum bemüht, so zu arbeiten, daß man auf den Gedanken kommt: diese Leutchen, die da unter ihrem Lämpchen ihre Kartoffeln verzehren, haben mit diesen Händen, die sie in die Schüssel stecken, selbst die Erde umgegraben, und so besingt mein Bild also die Arbeit der Hände und die Nahrung, die sie sich redlich verdient haben. Ich wollte, daß es an eine ganz andere Art des Lebens erinnert, als es diejenige von uns gebildeten Menschen ist. So wünsche ich auch durchaus nicht, daß ein jeder es ohne weiteres gut oder schön fände . . . Und es könnte sehr wohl sein, daß dies eine wirkliche Bauernmalerei darstellt. Ich weiß, daß es das ist. Möge doch jener, der süßlich dargestellte Bauern sehen will, daran vorübergehen. Ich für meinen Teil bin überzeugt, daß man auf die Dauer bessere Resultate erzielt, wenn man sie in ihrer rauhen Art darstellt, als wenn man die glatten Formen der Konvention anwendet.«[42]

Worin drückt sich die »rauhe Art« aus? Nicht in einer mittelbar realistischen Wiedergabe physiognomischer oder körperlicher Kennzeichen des Typus »Bauer«, nicht in der »Nachahmung«, sondern in den – wie van Gogh bekennt – »Fehlern«. Wie wirkungsvoll er damit dem auch in der »Bauernmalerei« wirksamen Akademismus entgegentrat, konnte er an der Reaktion Rappards ablesen, dem er eine Nachgestaltung des Ge-

mäldes als Lithographie geschickt hatte: »Du wirst mir zustimmen, daß
solche Arbeit nicht ernst gemeint ist. Du kannst mehr als das, glücklicherweise; aber warum ist dann alles so oberflächlich geschaut und behandelt? Warum sind die Bewegungen nicht studiert? Jetzt posieren sie.
Das kokette Händchen von der hintersten Frau – wie wenig wahr! Und
welche Beziehung besteht zwischen dem Kaffeekessel, dem Tisch und
der Hand, die oben auf dem Henkel liegt? . . . Und wagst Du dann noch
bei einer solchen Arbeitsweise die Namen von Millet und Breton anzu-

Die Kartoffelesser,
Öl auf Leinwand,
1885,
Rijksmuseum
Vincent van Gogh,
Amsterdam

rufen? Geh weg! Die Kunst steht, dünkt mich, zu hoch, um so noncha-
lant behandelt zu werden.«[43]

Leichtfertigkeit – dieser Vorwurf offenbarte das völlige Mißverste-
hen des Menschen und des Künstlers van Gogh. Die wenigen Briefe, die
er noch an Rappard richtete, rückten diesen daher in die Reihe all derer,
die sich selbstgerecht zum Richteramt berufen fühlten: »Du bildest keine Ausnahme von den andern. Ich lasse die Leute von mir sagen, denken, mich behandeln – ganz wie sie wollen, das geht auf ihre Verantwor-

Der Pfarrgarten von
Nuenen im Winter,
Feder und Bleistift,
1884,
Rijksmuseum
Vincent van Gogh,
Amsterdam

tung . . . Meine Eltern, meine Meister, die Herren Goupil & Co, ferner
allerlei Freunde und Bekannte haben mir zu meinem Besten so viel Wi-
derwärtiges gesagt, mit den besten Absichten, daß mir schließlich die
Fracht ein bißchen zu schwer wurde . . .«[44]

Die soziale Ächtung, der sich van Gogh immer stärker ausgesetzt
sah, äußerte sich beispielsweise in dem vom katholischen Geistlichen in
Nuenen ausgesprochenen Verbot für seine Gemeindemitglieder, dem
Maler Modell zu stehen. Im Sommer 1884 war er zudem durch eine me-
lodramatische Affäre in Verruf geraten: Margot Begemann, eine um
zehn Jahre ältere Frau aus der Nachbarschaft, hatte Vincent einen Heiratsantrag gemacht; als die eigenen Eltern Einspruch erhoben, nahm
Margot Gift, konnte jedoch gerettet werden. Am 26. März 1885 erlag
Theodorus van Gogh einem Schlaganfall. Vincent nahm den Tod des
Vaters zum Anlaß, seine Beziehung zur Familie nach den eigenen Vorstellungen zu klären: er erhob den Anspruch, »absolut nach . . . eigenen
Ansichten zu handeln«. Andererseits verzichtete er auf seinen Anteil
am väterlichen Nachlaß, weil er, so begründete er gegenüber Rappard
die Entscheidung, mit dem Vater »in großer Uneinigkeit« gelebt hatte
und sich daher keinen Anspruch zuerkennen konnte. Auch räumlich
trennte er sich von der Familie. Nachdem er sich zunächst in einem
Schuppen des Pfarrhauses ein Atelier eingerichtet hatte, mietete er Anfang Mai 1885 zwei Räume im Küsterhaus der katholischen Gemeinde.
Dieses mußte er wieder verlassen, als das Gerücht kursierte, er habe sich
an einem Bauernmädchen vergangen. Van Gogh kehrte schließlich
Nuenen den Rücken und reiste Ende November 1885 nach Antwerpen.

Über van Goghs Ankunft in der Kunsthochschule Antwerpen berichtet ein Augenzeuge: er kam »eines Morgens, bekleidet mit einem blauen Bauernkittel, wie sie die flämischen Viehhändler tragen, und auf dem Kopf eine Pelzkappe. Statt einer Palette bediente er sich des Brettes einer Kiste, die Zucker oder Pilze enthalten haben mochte«. Daß sich van Gogh der Vorurteile, die allein schon sein Äußeres hervorriefen, sehr wohl bewußt war, zeigt ein Brief, den er im Jahr zuvor an seinen Bruder gerichtet hat: ». . . an meiner Persönlichkeit, meinen Manieren, Kleidern, Worten findest Du, wie so viele andere, manches auszusetzen, schwerwiegende und offenbar unabänderliche Dinge, die den persönlichen brüderlichen Umgang immer mehr abtöten und seit Jahren gelähmt haben. Hinzu kommt meine Vergangenheit, und daß Du bei Goupil & Co der feine Herr bist und ich ein bête noir und ein mauvais coucheur«[45] – ein unverträglicher Kerl, ein Streithammel. Umso mehr Bedeutung gewinnt die Tatsache, daß van Gogh in Antwerpen damit begann, sich als Maler mit dem eigenen Erscheinungsbild auseinanderzusetzen. Die beiden aus dieser Zeit erhaltenen Selbstbildnisse bilden den Anfang einer schließlich 30 Werke umfassenden Serie, in der sich die Frage nach der »eigenen Wahrheit« widerspiegelt.

Zwei wirksame Eindrücke gaben den drei Monaten, die van Gogh sich in Antwerpen aufhielt, ihre Bedeutung: Rubens und die japanische Kunst. Den Werken des herausragenden Meisters der flämischen Barockmalerei, Peter Paul Rubens (1577−1640), begegnete er in den Museen und Kirchen der Stadt und fühlte sich »hingerissen« von der koloristischen Freiheit, von »seiner Art, in einem Gesicht mit Pinselstrichen von reinem Rot die Züge zu zeichnen«. Er erkannte Rubens' Streben, in erster Linie »durch die Farbzusammenstellung eine Atmosphäre der Freude, der Heiterkeit und des Schmerzes auszudrücken«.[46]

Die japanische Kunst des farbigen Holzschnitts hatte schon die Impressionisten beeinflußt, und zwar durch die scheinbare Zufälligkeit der Komposition und die flächige Darstellungsweise. Beides widersprach dem in der europäischen Malerei seit der Renaissance kultivierten Ideal von Harmonie und Räumlichkeit. Van Gogh erwarb eine Anzahl der von Matrosen aus dem Fernen Osten importierten Drucke im Hafenviertel; die Werke von Hokusai und Hiroshige eröffneten ihm ein vollkommen neues Sehen, das von nun an seine Erlebniserwartungen prägte. Er suchte um sich her diese japanische Klarheit und Energie der Linie, das Überraschende in der Beziehung zwischen reinen Farbflächen. Van Gogh erfuhr eine Belebung, die ihm selbst das winterlich trübe Antwerpen als »eine gewaltige Japonaiserie, launenhaft, originell, unerhört« erscheinen ließ.[47]

Es mögen nicht zuletzt diese neu geweckten Kräfte des Sehens gewesen sein, die den Entschluß reifen ließen, nach Paris überzusiedeln. Die einsame Hungerexistenz, durch die Vincent den Eindruck erweckte, »als ob er zehn Jahre in einer Gefängniszelle gesessen hätte«,[48] mußte ein Ende finden. Eine erneute venerische Erkrankung, verbunden mit Zahnausfall, verzögerte den Aufbruch.

Le Moulin de la
Galette,
Öl auf Leinwand,
1886,
Staatliche Museen,
Preußischer Kulturbesitz,
Nationalgalerie,
Berlin

Die alte und die neue Avantgarde

Als van Gogh Anfang 1886 erneut in Paris eintraf, lag der Sturm der
Entrüstung, den der Impressionismus beim Pariser Publikum hervorge-
rufen hatte, schon über zwanzig Jahre zurück. 1863 war aufgrund der
offensichtlichen Fehlurteile der Jury, die über die Zulassung zum
»Salon«, der offiziellen Leistungsschau der französischen Kunst, zu entscheiden hatte, ein von Kaiser Napoleon III. angeordneter »Salon der
Unabhängigen« eingerichtet worden. In ihm erregte Edouard Manets
Gemälde *Frühstück im Freien* einen ungeheuren Skandal, der sich 1865
angesichts seiner *Olympia* wiederholte. Als schamlos erschien die in-
haltliche wie malerische Unmittelbarkeit, die Manet beispielsweise dadurch erreichte, daß er seine Gestalten, obwohl im Atelier gemalt, so
zur Darstellung brachte, als seien sie Teil eines Naturausschnitts (weshalb Manets Mitkämpfer Zola auch stets vom »Naturalismus« der neuen
Malerei sprach). Vermißt wurde die »veredelnde« Wirkung der Kunst.
1874 stellten die um Manet gescharten Künstler erstmals gemeinsam als
»Société anonyme des Artistes« aus und ernteten Hohn und Spott. Der
Journalist M. Louis Leroy nahm Claude Monets Darstellung eines Son-
nenaufgangs mit dem Titel *Impression. Soleil levant* zum Anlaß, den Begriff »Impressionismus« als Bezeichnung für aberwitzige Farbsudelei zu
prägen. Er taufte damit eine künstlerische Bewegung, die sich in den folgenden Jahren, unterstützt von einer Reihe kleinerer Kunsthändler und
Sammler, durchsetzte und sich zugleich in verschiedene Richtungen zu
teilen begann.
        1886 fand die achte und letzte gemeinsame Ausstellung der inzwi-
schen stark verwandelten Gruppe der Impressionisten statt. Manet war

1883 gestorben, Monet, Renoir und Sisley verzichteten auf eine Teilnahme, während Vertreter des »Neoimpressionismus« neu hinzukamen. Georges Seurats Gemälde *Ein Nachmittag auf der Insel Le Grand Jatte* demonstrierte die auf farbtheoretischer Grundlage entwickelte neoimpressionistische Gestaltungsweise: die Zerlegung der Farben in ihre unvermischten Bestandteile (Divisionismus) und den Farbauftrag in Punkten (Pointillismus), aus deren streng kontrolliertem Zusammenwirken sich die Farbeindrücke ergaben. In diesem Jahr, 1886, trat Paul

Gärtchen auf der Butte Montmartre (Ausschnitt), Öl auf Leinwand, 1887, Stedelijk Museum, Amsterdam

Gauguin zu Seurat in Beziehung, nachdem er – bestärkt durch Camille Pissarro und Paul Cézanne – seine Anstellung bei einer Bank aufgegeben hatte, um sich ausschließlich der Malerei zu widmen. In der Kunst kündigten sich neue Ziele an, die auf eine Verselbständigung der Darstellungsmittel und die Gestaltung bedeutender, aus der Imagination gewonnener Inhalte gerichtet waren.

Auf dem Montmartre

Van Gogh kam am 28. Februar 1886 in der französischen Hauptstadt an und richtete sich bei seinem Bruder ein. Für ein eigenes Atelier bot Theos kleine Wohnung in der Rue Laval (heute Rue Victor-Massé) auf dem Hügel Montmartre im Norden von Paris keinen Raum. Um arbeiten zu können, trat van Gogh in das in der gleichen Straße gelegene Atelier Cormons ein, eines zwar dem Akademismus verhafteten, jedoch schon aus wirtschaftlichen Gründen zur Förderung neuer Talente bereiten Malers. Einer dieser jungen Künstler hatte allerdings soeben die Toleranzgrenze überschritten, indem er das braune Tuch, vor dem der Meister die Aktmodelle zu arrangieren pflegte, bemalt hatte. Es war der 17jährige Emile Bernard, der daraufhin aus dem Atelier verwiesen wurde. Geblieben war der durch zwei Beinbrüche zu zwergenhaftem Wuchs verkrüppelte 22jährige Graf Henri de Toulouse-Lautrec aus dem südfranzösischen Albi. Dieser lebte seit 1882 in Paris und hatte im Vorjahr ein eigenes Atelier auf dem Montmartre bezogen. Van Gogh dürfte mit seinen 33 Jahren der weitaus Älteste unter den etwa 30 Kunstschülern gewesen sein. Zu den wenigen Früchten seiner Arbeit unter Cormons Anleitung gehören ein liegender Akt und die Darstellung des in Gips gegossenen Torsos einer weiblichen Statue. Folgen wir der Darstellung Bernards, mit dem van Gogh bald in enge freundschaftliche Beziehung trat, so ergibt sich das Bild hartnäckiger Übungen mit dem Zeichenstift, die van Gogh oft allein im Atelier fortführte.

Doch er war nicht nach Paris gekommen, um sich demselben Zwang auszusetzen, der ihn auf der Antwerpener Akademie bedrückt hatte (seine Lehrer versetzten ihn, während er sich schon in Paris befand, zurück in die erste Klasse mit der Begründung, er könne noch nicht zeichnen). Sein Ziel war es, die ihm bisher nur aus Theos Schilderungen bekannten neuen Errungenschaften der französischen Malerei selbst zu prüfen – nicht als Kunstkritiker, sondern als Maler, der begierig ist, sich mit neuen Wegen auseinanderzusetzen. Anschauung bot ihm vor allem die Galerie des Kunsthändlers Paul Durand-Ruel, der 1876 seine Räume für die zweite Gruppenausstellung der Impressionisten zur Verfügung gestellt und rechtzeitig auf deren Durchbruch gesetzt hatte. Aber auch Theos Kunsthandel schloß den Impressionismus mit ein.

Die ersten Pariser Gemälde erwecken den Eindruck eines abrupten Neubeginns, so etwa die *Gaslaternen auf dem Montmartre,* eine aus lichten Grautönen aufgebaute Schneelandschaft mit nur wenigen farbigen Akzenten. Unverkennbar ist der Einfluß der »hellen Palette« der Impressionisten. Doch die Frage einer insgesamt helleren oder dunkleren, reinen oder getrübten Farbgebung bildete nicht das Problem. Vielmehr war zu klären, inwieweit sich der Maler vom Naturvorbild lösen dürfe. Van Gogh war schon vor der Abreise aus Antwerpen auf eine Äußerung des von den Impressionisten verehrten Romantikers Eugène Delacroix gestoßen, daß die großen Koloristen, nämlich Tizian, Velazquez, Vermeer und Rubens, sich nicht an das Gesetz des Lokaltons gehalten hätten, also an die Wiedergabe der den Dingen (scheinbar) anhaftenden Farbigkeit. Diese Äußerung stand im Einklang mit den Forderungen, die Theo, indem er die Gestaltungsweise etwa Monets oder Pissarros enthusiastisch pries, an seinen Bruder richtete. Seine Betroffenheit hierüber brachte Vincent in folgenden Briefzeilen zum Ausdruck: »Du sagst mir, ich solle auf den Lokalton verzichten. Soll ich das ganz einfach so verstehen, daß ein Maler gut daran tut, wenn er von den Farben seiner Palette ausgeht, statt von den Farben der Natur auszugehen? Ich habe mich jahrelang dem Studium der Natur, dem Kampf mit der Wirklichkeit hingegeben, allerdings – ich will es keineswegs leugnen – fast ohne Ergebnis. Aber unter keinen Umständen möchte ich diese, wenn auch vielleicht vergebliche Erfahrung missen.«[49]

In diesen »Kampf mit der Wirklichkeit« bezog van Gogh von nun an die Aneignung der impressionistischen Darstellungsweise des Zusammenwirkens von Farbe und Licht mit ein. Als Gegenstand diente ihm in einer Anzahl von Gemälden ein Wahrzeichen des Montmartre, die Windmühle *Moulin de la Galette*. Die Ansicht im Besitz des Museo Nacional de Bellas Artes in Buenos Aires, vom Fuß der Mühle aus gemalt, schildert in nuancierten Grautönen, die zum Taubenblau und zum Ocker hin gesteigert sind, das verwitterte Holz des steil aufragenden Bauwerks; im Hintergrund sind die Gaslaternen und die Aussichtsplattform der schon genannten Darstellung im Besitz des Art Institute of Chicago zu erkennen. Die folgende Ansicht rückt den ländlichen Charakter mit Gärten und Gartenhäuschen ins Blickfeld, eine weitere den Weinausschank an der Rückseite der *Moulin de la Galette* (s. Abb. S. 30). Freilich ist dieses Werk weit entfernt von der verschwenderischen Farbenpracht, mit der Renoir 1876 seine Darstellung des Tanzvergnügens im Gartenlokal zu Füßen jener Windmühle ausgestattet hatte.

Schon nach drei Monaten verließ van Gogh Cormons Atelier und blieb von nun an sein eigener Lehrmeister. Einen Arbeitsraum erhielt er im Juni 1886 durch den Umzug in die vom Montmartre aus in südlicher Richtung abfallende Rue Lepic. Im dritten Stockwerk des Hauses Nr. 54 mietete Theo eine gemeinsame Vierzimmerwohnung. Als Bruder des – wenn auch in dieser Hinsicht wenig erfolgreichen – avantgardistischen Kunsthändlers fand Vincent bald Aufnahme in den Pariser Künstlerkreisen. Die Last, als Außenseiter verachtet und verfolgt zu werden, fiel von ihm. Doch er wollte mehr. Er hatte im Impressionismus nicht nur eine neue Darstellungsweise, sondern auch eine neue Form kollektiver Arbeit erkannt. Daß diese, wenn sie überhaupt jemals wirklich bestanden hatte, nicht mehr wirksam war, zeigten ihm die Debatten der Jüngeren. Unter ihnen tat sich als rätselhaft-wortgewaltiger, vitaler Verkünder einer neuen »Ausdrucksmacht der suggestiven Farbe« Gauguin hervor. Konnte dieser nicht zu einem neuen Sammelpunkt werden?

Monticelli

Im Sommer 1886 begegnete van Gogh den Werken eines wenig beachteten Malers, die ihn, den offensichtlich notorischen Außenseiter, in ihren Bann schlugen. In der kleinen Galerie Delarbeyrette stieß er auf Gemälde des aus Marseille stammenden und im Juni desselben Jahres in seiner Heimatstadt verstorbenen Adolphe Monticelli. Er war 1844 nach Paris gekommen, hatte die Freundschaft Delacroix' und Corots gefunden und Italien bereist. Beflügelt von der Hofhaltung der Kaiserin Eugénie war sein künstlerisches Temperament in der Darstellung von Parklandschaften mit kostümierten Gestalten, in Festszenen und Aufzügen zur Entfaltung gelangt. Diese Blütezeit seines Schaffens fand mit dem Zusammenbruch des Kaiserreichs 1870 ihr Ende. In der Pariser Kunstszene verlor man nach seiner Rückkehr nach Marseille das Interesse an seinem Schaffen: er hatte es gewagt, dem unumstrittenen kulturellen Zentrum Frankreichs den Rücken zu kehren.

Was van Gogh fesselte, waren nicht die Themen Monticellis, sondern das juwelenhafte Funkeln seiner pastos in geschwungenen Linien oder in Tupfern aufgetragenen Farben. Dies brachte, gemessen an der kultivierten Malweise eines Monet oder den abgezirkelten Farbkonstruktionen eines Seurat, Leben hervor, wie es wohl Gauguin im Sinn hatte. Eine unmittelbare Brücke zu Monticelli fand van Gogh durch dessen Blumenstilleben. Von den etwa zweihundert in Paris entstandenen Gemälden ist ungefähr ein Viertel diesem Thema gewidmet: *Blumen in blauer Vase, Rote Schwertlilien, Kaiserkronen in Kupfervase, Malven* und, ein späteres Thema vorwegnehmend, *Sonnenblumen*, hier noch in gefälligem Arrangement mit Rosen.

Père Tanguy

Je mehr sich van Gogh seiner Darstellungskraft bewußt wurde, desto stärkere Spannungen ergaben sich im Verhältnis zu seinem Bruder. Theo konnte der Aufgabe, wenigstens einige der sich türmenden Gemälde zu verkaufen und damit Vincents materielle Abhängigkeit zu mildern, unmöglich gerecht werden. Der Verdacht mochte sich einschleichen, Theo tue zu wenig für den Verkauf, da er selbst nicht vom Wert der Bilder überzeugt sei. Théodore Duret, ein entfernter Bekannter der Brüder, berichtet: »Theodor van Gogh war wohl in einer Galerie auf dem Boulevard Montmartre tätig, aber seine Kunden gehörten zu jener Gesellschaftsschicht, denen nichts ferner lag, als solche ›schrecklichen Alpträume‹, wie sie die Werke seines Bruders bezeichneten, zu kaufen; ja, sie hätten diese Bilder nicht einmal als Geschenk angenommen. Es war Theo übrigens von seinen Arbeitgebern, der Familie Goupil, verboten worden, die als ›ungeheuerlich und schamlos‹ angesehenen Bilder in einer der Zweigstellen dieses Hauses aufzuhängen. Und wenn Theodor jemals Bilder seines Bruders im Geschäft am Boulevard Montmartre zeigen konnte, dann nur heimlich und nur seinen besten Freunden. Sein Bruder gab ihm alles, was er malte, zum Verkauf, aber Theo konnte da-

Père Tanguy,
Öl auf Leinwand,
1887,
Musée Rodin,
Paris

mit nichts anderes tun, als die Bilder in seiner Wohnung schichtenweise übereinanderzulegen oder jene Werke, für die er irgendwie eine Verkaufsmöglichkeit sah, an Père Tanguy zu schicken.«[50]

»Vater« Julien Tanguy handelte mit Farben und sonstigen Malutensilien sowie Bildern, die er in Kommission genommen oder als Bezahlung erhalten hatte. Er war ein ehemaliger »Communarde«, das heißt 1871 am Aufstand der Kommune beteiligt gewesen und nur knapp der Hinrichtung entgangen. Sein Laden diente als Künstlertreffpunkt und war über Jahre hinaus der einzige Ort in Paris, an dem Gemälde Cézannes angeboten wurden. Über van Goghs Beziehung zu dem – wenn man so will – frühesten Anwalt der Moderne urteilt Emile Bernard: »Meiner Meinung nach hatte sich Julien Tanguy viel mehr durch Vincents Sozialismus verführen lassen als durch seine Malerei, die er jedoch als eine Art sinnlich wahrnehmbare Manifestation der gemeinsamen Zukunftshoffnungen verehrte.«[51]

Uns sind neben einer Zeichnung drei als Ölgemälde ausgeführte Bildnisse Tanguys von der Hand van Goghs erhalten. Zwei zeigen in nahezu identischer Weise die Halbfigur des Farben- und Kunsthändlers vor japanischen Farbholzschnitten. Über das Exemplar im Pariser Musée Rodin (s. Abb. S. 35) berichtet der Kunsthändler Ambroise Vollard (dessen Erinnerungen zufolge Tanguy »in den letzten Tagen der Kommune irrtümlich als Rebell verhaftet und beinahe erschossen worden [ist] und zuguterletzt selbst davon überzeugt [war], ein Revolutionär zu sein«): »Wollte man es ihm abhandeln, so verlangte er kalt lächelnd fünfhundert Francs dafür, und entsetzte man sich über den hohen Preis, fügte er hinzu: ›Ich lege gar keinen Wert darauf, mein Porträt zu verkaufen.‹«[52] Rodin erwarb es aus Tanguys Nachlaß.

Das Selbstbildnis

In den knapp zwei Jahren, die sich van Gogh in Paris aufgehalten hat, sind über zwanzig Selbstbildnisse entstanden. Das erste der beiden wiedergegebenen Beispiele (s. Abb. S. 38) zeigt den Versuch, einen zu strichförmigem Farbauftrag abgewandelten Pointillismus mit einer klaren, die Gegenstände und Details formenden Struktur der Pinselstriche zu verbinden. Dieselbe Technik kennzeichnet die Landschafts- und Stadtbilder des Sommers 1887, etwa *Gärtchen auf der Butte Montmartre* (s. Abb. S. 31), *Die Brücke von Chatou, Fabrikhof*. Bestärkt wurde van Gogh in seiner Annäherung an den Neoimpressionismus durch Camille Pissarro, der selbst diese Wandlung vollzogen hatte; dessen Sohn Lucien widmete van Gogh 1887 ein Stilleben *Korb mit Äpfeln*.

Die Gemälde dieses Sommers lassen die Gefahr erkennen, die Zola in seinem 1886 erschienenen Künstlerroman »Das Werk« in karikierender Übersteigerung schildert: ». . . So hielt die Wissenschaft ihren Einzug in die Malerei, eine Methode für die logische Betrachtung war geschaffen; man brauchte nur die vorherrschende Farbe eines Bildes zu nehmen, deren Komplementär- oder Similärfarbe festzusetzen, um auf experimentelle Weise zu Variationen zu gelangen, die zustande kamen, weil sich das Rot in der Nähe von Blau zum Beispiel in Gelb verwandelte, eine ganze Landschaft den Farbton wechselte, und zwar infolge des Widerscheins und infolge der Zerlegung des Lichts, je nachdem was für Wolken vorüberzogen. Er [Claude Lantier] schloß daraus sehr richtig, daß die Gegenstände keine feststehende Farbe haben, daß sie je nach den auf sie einwirkenden Umständen Farbe annehmen, und das große Übel war, daß ihm, wenn er nun zur unmittelbaren Beobachtung zurückkehrte, der Kopf brummte von dieser Wissenschaft, und sein durch diese Theorien beeinflußtes Auge überbetonte die feinen Abstufungen, hob in zu lebhaften Tönen die Richtigkeit der Theorie hervor . . .«[53]

Ein beglückendes Erlebnis bildete die gemeinsame Arbeit mit Emile Bernard im Sommer 1887 in Asnières bei Paris. Hier ist wohl der Grund für die enge Freundschaft zu suchen, die sie von nun an verband. Bernard hatte im Garten seiner Eltern eine Holzhütte errichtet, die ihm und Vincent als Atelier diente. Ihren künstlerischen Wettbewerb verdeutlichen die beiden vom etwa gleichen Standort aus komponierten Gemälde *Die Brücken von Asnières:* Bernard faßte die Gegenstände zu vereinfachten, flächigen Formen zusammen und verzichtete auf zeichnerische Details wie etwa das Geländer der Eisenbahnbrücke, die einen silhouettenartig wiedergegebenen Zug zu tragen scheint. Van Gogh dagegen ließ Lokomotive und Anhänger über die leicht in die Bildtiefe gerichtete Brücke brausen, in einer vibrierenden Bewegung, die den Duktus der gesamten Darstellung bestimmt.

Pionierdienste für seine Malerfreunde glaubte van Gogh durch die Beziehung zu Agostina Segatori zu leisten. Sie hatte am Boulevard Clichy auf dem Montmartre das Künstlerrestaurant und Cabaret »Au Tambourin« eröffnet (als Tischplatten dienten Tamburine). Van Gogh ging mit missionarischem Eifer daran, das Lokal durch Verkaufsausstellungen in ein Mekka für Künstler und Kunstfreunde zu verwandeln. Er stattete es zunächst mit japanischen Holzschnitten, dann mit eigenen Werken, später mit Gemälden von Bernard und Toulouse-Lautrec aus. Letzterer porträtierte Vincent im »Tambourin« in einem Pastellbildnis: die Profilansicht führt uns einen Menschen vor Augen, der sich seiner Umwelt wachsam, tatkräftig, fordernd zuwendet. Doch der Erfolg blieb aus. »Die Geschichte, die sich in einem ziemlich üblen Milieu abspielte, ist nicht leicht zu entwirren«, konstatiert Henri Perruchot: »Der Kellner des ›Tambourin‹ ist anscheinend ganz einfach eifersüchtig auf Vincent. Oder sollte man, wie andere behaupten, in ihm einen Spießgesellen einer Verbrecherclique sehen? Mochte er etwa übel vermerkt haben, daß die schöne Agostina ihrem Vincent etwas über seine Machenschaften ausplaudern könnte? Jedenfalls suchte er Streit. Er geht nach der Rue Lepic hinauf, trifft dort aber niemand an. Er verschiebt sein Vorhaben. Als er Vincent dann im Lokal auftauchen sieht, prügelt er sich mit ihm und weist ihn hinaus. Vincent ist beschämt, aber er tobt. Er geht ins Cabaret zurück, um wegen seiner Bilder abzurechnen, von denen das Lokal voll ist.«[54] Als wahrscheinlich gilt, daß sie dem bald darauf eingetretenen Konkurs des Lokals zum Opfer fielen und »bündelweise« (so Bernard) verschleudert wurden.

Als Zusammenfassung seiner künstlerischen Erfahrungen der Pariser Jahre kann das wohl im Januar/Februar 1888 geschaffene *Selbstbildnis an der Staffelei* (s. Abb. S. 39) betrachtet werden. Auffallend ist die farbige und gleichwohl bedrückende Schattenpartie, die den Großteil des Gesichts und des Oberkörpers einnimmt. Das die rechte Gesichtshälfte streifende Licht fällt auf die Palette und bringt die hier aufgetragenen Farben zum Leuchten, ebenso auf die (dem Betrachter abgekehrte) Leinwand, über die der Maler mit eigentümlich sinnendem Gesichtsausdruck hinwegschaut. Der Vergleich mit dem früheren Selbstbildnis zeigt zwar, daß die »Theorie« in eine subtilere Gestaltungsabsicht integriert ist. So läßt sich an der leichten Hebung der (durch die spiegelbildliche Darstellung linken, in Wirklichkeit rechten) Hälfte des Kittels die Hebung des Armes ablesen, der die Hand mit dem Pinsel führt. Dieser

Selbstbildnis,
Öl auf Leinwand,
1887,
Rijksmuseum
Vincent van Gogh,
Amsterdam

mittelbar dargestellten Bewegung folgt die Richtung der Pinselstriche in diesem Bereich des Kittels – im Unterschied zur Pinselführung der ruhigen rechten (in Wirklichkeit linken) Partie. Trotz aller sorgfältigen, sprich: selbstbewußten, sicheren Durchdringung des Themas »Der Maler an seiner Staffelei« drückt das Gemälde eher die Empfindung enttäuschter Erwartung aus. Sie klingt selbst noch in der Beschreibung nach, die Vincent im Brief vom Juni/Juli 1888 an seine Schwester Willemien gegeben hat: »Ein rosa-graues Gesicht mit grünen Augen,

aschfarbenes Haar, Falten an der Stirn und um den Mund, steif und höl-
zern, ein sehr roter Bart, ziemlich ungepflegt und traurig, aber die Lip-
pen sind voll, eine blaue Bluse von grobem Leinen und eine Palette mit
Zitronengelb, Vermeergrün, Kobaltblau, also alle Farben außer dem
Orange des Bartes und auf der Palette. Das Gesicht gegen eine grau-
weiße Mauer. Du wirst sagen, daß es einem Totengesicht etwas ähnlich
ist . . ., so ein Gesicht ist es eben, und es ist nicht einfach, sich selbst zu
malen, auf jeden Fall etwas ganz anderes als eine Photographie.«[55]

Selbstbildnis
an der Staffelei,
Öl auf Leinwand,
1888,
Rijksmuseum
Vincent van Gogh,
Amsterdam

39

Van Gogh war entschlossen, Paris zu verlassen, zumal die Heiratspläne seines Bruders ein weiteres Zusammenleben in Frage stellten. Eine Rückkehr in den Norden, etwa zu seiner verwitweten Mutter, blieb außer Betracht. Monticelli hatte ihm den Weg in den Süden gewiesen, wo er »endlich diese kräftigere, hellere Sonne sehen« wollte. Am 21. Februar 1888 traf er in Arles ein.

»Le pont de l'Anglois«

Auf seinen Streifzügen durch die Umgebung von Arles stieß van Gogh Anfang März auf ein Motiv, zu dem er in den folgenden Wochen immer wieder zurückkehrte: eine kleine Zugbrücke, die im Volksmund »Le pont de l'Anglois« (»Engländer-Brücke«, statt »Pont de Langois«) genannt wurde. Erhalten sind uns zwei Zeichnungen und eine Skizze der Brücke, letztere in einem Brief vom März 1888 an Emile Bernard (mit Farbangaben und einer »énorme soleil jaune«, einer »ungeheuren gelben Sonne« (s. Abb. S. 41), sowie fünf Darstellungen als Ölgemälde und ein Aquarell. Der Standort des Malers befand sich zunächst auf der zur Brücke führenden Straße, dann in einiger Entfernung; er verringerte daraufhin den Abstand zur Brücke und wechselte schließlich zum gegenüberliegenden Ufer hinüber. Zugleich variierte er die figürlichen Elemente seiner Komposition: eng umschlungene Paare auf dem Uferweg, drei schwarz gekleidete, augenscheinlich in ein Gespräch vertiefte Gestalten, eine Frau mit Schirm mitten auf der Brücke, Wäscherinnen unmittelbar am Ufer. Zu letzteren kommt in der auf S. 43 wiedergegebenen Fassung ein zweirädriger überdachter Pferdekarren hinzu, der ebenso auf dem Aquarell und einer zweiten Version als Ölgemälde über die Bohlen holpert.

Was mag van Gogh gefesselt haben? Soweit seine Briefe Aufschluß geben, war es zum einen der holländische, zum anderen der japanische Charakter des Motivs: zu Beginn des Jahres hatte er in Paris das Ölgemälde *Die Brücke* geschaffen, dem ein Farbholzschnitt von Andô Hiroshige zugrunde lag. In *Le pont de l'Anglois* verband sich Erinnerung und Vorstellung unter den Bedingungen seines neuen Erlebens von Licht und Farbe.

Van Gogh wurde von diesem neuen Augenerlebnis, auf das ihn die Schilderungen der Pariser Künstler, vor allem Toulouse-Lautrec, vorbereitet hatten, nicht schlagartig überwältigt. Er wuchs gleichsam mit dem Erwachen der Natur in die neue Art des Sehens und Gestaltens hinein. Instinktiv erkannte er die Aufgabe, sich hierbei der konstruktiven Elemente der Malerei zu vergewissern, und eben dies leistete das Motiv des Brückenbaus. Ein Brief an Theo vom März 1888 erwähnt die Verwendung eines Perspektivrahmens und enthält die Vermutung, daß ein solches Gerät auch den alten deutschen und italienischen Meistern als Hilfsmittel gedient habe. Tatsächlich kennen wir das Instrument aus Albrecht Dürers 1525 erstmals erschienener illustrierten »Underweysung der messung mit dem zirckel un richtscheyt in linien ebenen und gantzen corporen«. Es handelt sich hierbei um einen verstellbaren

Gegenüberliegende Seite:
Erste Seite eines Briefes von van Gogh an Emile Bernard, März 1888

Mon cher Bernard, ayant promis de t'écrire, je veux commencer par te dire que le pays me paraît aussi beau que le Japon pour la limpidité de l'atmosphère et les effets de couleur gaie. Les eaux font des tâches d'un bel émeraude et d'un riche bleu dans les paysages ainsi que nous le voyons dans les crepons. Des couchers de soleil orangé pâle faisant paraître bleus les terrains. Des soleils jaunes splend... Cependant je n'ai encore guère vu le pays dans sa splendeur habituelle d'été. Le costume des femmes est joli et le dimanche surtout on voit sur le boulevard des arrangements de couleur très-naïfs et bien trouvés. Et cela aussi sans doute

Le pont de l'Anglois, perspektivischer Aufbau

Holzrahmen mit Pergamentbespannung, auf der sich die linearperspektivische Konstruktion des vom Rahmen begrenzten Motivs durch entsprechende Hilfslinien erfassen und klären läßt.

Betrachten wir unter diesem Gesichtspunkt *Le pont de l'Anglois* und verfolgen die Fluchtlinien, so stoßen wir auf deren Schnittpunkt dort, wo die Brückenbrüstung den linken Bildrand berührt. Die Komposition enthält ein von den perspektivischen Fluchtlinien gebildetes Strahlenbündel. Es wird im Bild am deutlichsten durch die Längsachse des Bootes markiert. Diese teils wahrnehmbaren, teils spürbaren Schräglinien variieren die Verstrebungen der Brückenkonstruktion sowie die Begrenzung der jenseitigen Uferböschung. Sie bilden mit den Senkrechten der Brücke, der Pappeln, der aufgerichteten Wäscherinnen und den waagrechten Begrenzungslinien der Brücke ein zugleich statisches und rhythmisch bewegtes Bildgerüst. In ihm treten reine Farbflächen hervor: das Gelb des Brückengebälks, einzelner Mauersteine und Kleidungsstücke, das Orange des Erdreichs, das Rot der Blusen und des Bootshecks und das Grün des Grases. Alles zielt auf Festigkeit und Klarheit.

Tasten wir mit dem Auge die farbigen Akzente ab, so erkennen wir, ausgehend von der Trennungslinie zwischen Orange und Grün in der linken unteren Bildecke, das lineare Motiv der Krümmung. Es wiederholt sich im Bootsrand und tritt im Wasser als Steigerung zur Kreisform in Erscheinung. Sie dient nicht allein als formale Variation, sondern lenkt die Aufmerksamkeit auf die Wäscherinnen, deren Tätigkeit die konzentrischen Kreisbewegungen hervorruft. Erde, Menschen, Wasser – die Impressionisten formten aus diesen Elementen idyllische Angler-, Ruder- oder Badeszenen bis hin zu den Abstraktionen der *Badenden unter Bäumen* von Cézanne. Für van Gogh jedoch vollendete sich die Fluß- und Brückenlandschaft in der Darstellung des tätigen Menschen.

Le pont de
l'Anglois,
Öl auf Leinwand,
1888,
Rijksmuseum
Kröller-Müller,
Otterlo

Die blühende Provence

Die knapp 15 Monate, die van Gogh in Arles zugebracht hat, spiegeln sich in einer Folge von Gemälden, die sich als Monatsbilder (etwa im Sinne des Zyklus von Pieter Bruegel dem Älteren) zusammenstellen ließen. Von der Vorstellung, die van Gogh selbst über die Zuordnung einzelner Werke entwickelt hat, wird am Beispiel von *La Berceuse (Mme Roulin)* zu sprechen sein. Bleiben wir beim Ordnungsprinzip der Monatsbilder, so wird der April durch das Motiv blühender Obstbäume vertreten; wie eine Vorahnung oder Vorbereitung wirkt das im Februar entstandene kleine Ölgemälde *Blühender Mandelzweig*.

Wie bei *Le pont de l'Anglois* diente van Gogh die zeichnerische Darstellung der blühenden Obstbäume zur bildnerischen Aneignung des Motivs (s. Abb. S. 44). Hier wie dort verbanden sich für ihn Erinnerung und Vorstellung: einem der Gemälde gab er den Titel *Souvenir de Mauve* (»Erinnerung an Mauve«, seinen kurz zuvor verstorbenen ersten künstlerischen Lehrmeister); ein anderes, der *Blühende Pfirsichbaum*, könnte aufgrund seiner flächigen Anlage und ornamentalen Gliederung den Titel »Zu Ehren Hiroshiges« tragen. Allen Bildern der Obstgarten-Folge gemeinsam ist die Betonung des Gegensatzes zwischen Erdreich und Himmelszone. Das vielfältig gebrochene farbige Weiß der Blüten vermischt sich mit dem kleiner Wölkchen, während umgekehrt das Blau des Himmels im Blaugrau der Stämme seinen Widerhall findet. Dem wohl unwillkürlichen Rückgriff auf eine impressionistische Handhabung des Pinsels widersetzt sich die kraftvolle Struktur roter und grüner Striche, in denen die im Erdreich enthaltene und nun zur Wahrnehmung gelangende Energie ihren Ausdruck findet.

Obstgarten in der Provence, Reißfeder und Aquarell, 1888, Rijksmuseum Vincent van Gogh, Amsterdam

Van Gogh wurde vom Wandel der Erscheinungen um ihn her vorangetrieben. Stets blieb er in unmittelbarer Verbindung mit der Natur – gegen den Wind wappnete er sich durch Verankerungen der Staffelei im Boden. Sein im Mai entstandenes Gemälde *Blick auf Arles mit Schwertlilien* (Rijksmuseum V. van Gogh in Amsterdam) beschreibt ein Brief an Emile Bernard in folgender Weise: »Eine Ansicht von Arles: von der Stadt sieht man nur einige rote Dächer und einen Turm, das übrige ist durch das grüne Laub der Feigenbäume verdeckt. Das ist ganz im Hintergrund, und darüber ein schmaler Streifen blauen Himmels. Die Stadt ist von endlosen Wiesen umgeben, auf denen unzählige Butterblumen blühen – ein gelbes Meer. Diese Wiesen werden im Vordergrund von einem Graben durchschnitten, der mit violetten Schwertlilien angefüllt ist. Während ich daran malte, wurde gerade das Gras geschnitten. Es ist also nur eine Studie und kein fertiges Bild, wie ich beabsichtigt hatte. Aber was für ein Motiv! Das gelbe Meer mit einem Streifen violetter Schwertlilien und im Hintergrund die schmucke kleine Stadt mit den hübschen Frauen!«[56]

Der Brief läßt etwas von dem Zutrauen erkennen, das van Gogh seinem neuen Lebensbereich entgegenbrachte. Er mietete im Mai den Flügel eines kleinen, an der Place Lamartine gelegenen Hauses, doch fehlte ihm das Geld, um sich auch darin einzurichten. Dennoch, er begann Fuß zu fassen, auch wenn er sich zunächst damit begnügen mußte, das *Gelbe Haus in Arles*, seine neue Heimstatt, in einem Aquarell festzuhalten. Die Darstellung zeigt im Hintergrund einen Dampfzug; er verweist nicht allein auf die Nähe des Bahnhofs, sondern mag wohl auch van Goghs

Erwartung zum Ausdruck bringen, bald weitere Mitglieder seines »Ateliers des Südens« empfangen zu können.

»Fischerboote am Strand«

Anfang Juni hielt sich van Gogh in dem südlich von Arles am Meer gelegenen Fischerdorf Les Saintes-Maries-de-la-Mer auf, einem Wallfahrtsort zu Ehren der heiligen Marien und der heiligen Sara, der Schutzpatronin der Zigeuner. In einer Federzeichnung hielt er den Anblick der von mittelalterlichen Wehrbauten überformten Kathedrale fest, deren Baumasse sich in van Goghs Darstellung vor dem Hintergrund einer riesigen Sonne verdüstert (s. Abb. S. 41). »Ach, wer hier nicht an die Sonne glaubt, der ist gottlos«, heißt es in einem Brief aus dieser Zeit.

Den am Ortsrand geduckt aufgereihten Hütten widmete er Detailstudien. Vor allem aber waren es das bewegte Meer und die Fischerboote, die ihn, den Maler aus Holland, beschäftigten. Eine Federzeichnung und ein Aquarell bildeten die Grundlage seines Ölgemäldes *Fischerboote am Strand* (s. Abb. S. 46). In den Vorstudien herrschen das Interesse an der Körperlichkeit der Boote und der flächigen Gliederung sowie dem linearen Geflecht der Masten und Rahen vor. In der endgültigen Fassung tritt ein zunächst schriftlich angedeutetes Seherlebnis hinzu: »Das Mittelmeer hat eine Farbe wie die Farbe von Makrelen, das heißt wechselnd, man weiß nie, ist es grün oder violett oder ist es blau, denn

Saint-Maries-de-la-Mer, Reißfeder, Tusche und Rohrfeder, 1888, Sammlung Oskar Reinhart, Winterthur

45

schon eine Sekunde später hat der wechselnde Widerschein eine rosa oder graue Tönung angenommen.«[57]

Dies sind Beobachtungen eines am Impressionismus geschulten Auges, doch van Gogh war sich bewußt: »All die Farben, die durch den Impressionismus Mode geworden sind, verändern sich im Laufe der Zeit; ein Grund mehr, sie in aller Kühnheit zu hart zu verwenden, denn die Jahre werden sie nur allzusehr weich machen.«[58] Solche »Härte« zeigt die malerische Gestaltung der vier auf den Strand gezogenen Boote mit den Grundfarben Rot, Gelb, Blau und deren Misch- bzw. Komplementärfarben Grün, Violett und Orange. Entgegen der impressionistischen Gestaltungsweise sind sie nicht in kleinen Pinselstrichen oder Tupfern, sondern flächig aufgetragen. Die Wiedergabe von Himmel, Meer und Sand jedoch kennzeichnet ein Ineinanderwehen gebrochener Farbwerte, dem die Reproduktion kaum gerecht zu werden vermag. Der farblichen Nuancierung der Naturerscheinungen entspricht die Vielfalt der Pinselarbeit: sie reicht von der lasierenden Schichtung über geschwungene oder kurze Striche bis zu aufgetupften Lichtpunkten und der pastosen, durch dicken Farbauftrag erreichten Nachbildung der schäumenden Wellensäume. In dem Widerspiel von Bewegtem und Starrem, Saum

Fischerboote am Strand bei Saint-Maries, Öl auf Leinwand, 1888, Rijksmuseum Vincent van Gogh, Amsterdam

46

und Kontur, gesättigter, leuchtender Farbfläche und irisierendem Farb-glanz ist der Übergang vom Eindruck zum Ausdruck spürbar. Die Rich-tung wird deutlich, in die sich van Goghs Malerei in Arles mit einer nahezu von Bild zu Bild zu verfolgenden Zielstrebigkeit entwickelt hat.

Diese Konsequenz ist kein erst aus der Rückschau gewonnener Ein-druck, sondern entsprach van Goghs Arbeitsweise. Er trennte zuneh-mend zwischen der gedanklichen Vorbereitung eines Gemäldes und dessen Realisierung, zwischen der »Hirnarbeit, die sechs Hauptfarben, Rot, Blau, Gelb, Orange, Violett und Grün miteinander ins Gleichge-wicht zu bringen«, und der raschen, im »Arbeitsrausch« vollzogenen Durchführung. Seinen Bruder beruhigte er (und diese Absicht muß frei-lich bei der Beurteilung seiner brieflichen Aussagen über seine Arbeits-weise berücksichtigt werden): »Denke nicht, daß ich künstlich einen Fieberzustand aufrechterhalte, sondern wisse, daß ich ständig verwickel-te Berechnungen anstelle, woraus sich hintereinander die schnell gemal-ten Bilder ergeben, die aber lange *vorher* errechnet worden sind.« Im Bewußtsein seiner handwerklichen Sicherheit konnte er seinen Bruder fragen: »Ich bin erst ein paar Monate hier – aber sag mal: hätte ich in Paris die Zeichnung mit den Booten in einer Stunde machen können?«[59]

Sommerabend bei Arles, Öl auf Leinwand, 1888, Kunstmuseum, Winterthur

Wäscherinnen, Rohrfeder und Reißfeder, 1888,
Rijksmuseum Kröller-Müller, Otterlo

Die Landschaft in ihrem jahreszeitlichen Wandel und in ihrer südlichen Kraft und Klarheit nahm van Gogh gefangen. Sie räumte die Zweifel aus, die ihn in Paris noch gequält hatten: »Pissarro hat ganz recht: man müßte die Effekte, welche die Farben durch ihren Einklang oder ihren Mißklang hervorbringen, kühn übertreiben. Es ist dasselbe wie mit der Zeichnung – richtige Zeichnung, richtige Farbe ist vielleicht nicht das Wesentliche, was man erstreben muß, denn wenn es möglich wäre, das Abbild der Wirklichkeit mit Farbe und alledem im Spiegel festzuhalten, so wäre das noch keineswegs ein Bild, sondern nicht mehr als eine Photographie.«[60]

Doch die Unterscheidung zwischen Malerei und Photographie allein konnte nicht ausreichen, um jene Kühnheit zu rechtfertigen. Am deutlichsten war van Gogh bei der Arbeit an den *Kartoffelessern* zu Bewußtsein gekommen, daß »Fehler« notwendig sein konnten, um die gleichsam konventionelle »Hülle« vom Gegenstand abzulösen und ihn in seiner wahren Gestalt zu zeigen. So sollte auch die Landschaftsmalerei die Natur in ihrer ursprünglichen Gewalt zur Darstellung bringen. Wer sonst hatte denn bisher im farbigen Reichtum einer teppichartig ausgebreiteten Landschaft den Geschmack von frischem Gemüse empfinden lassen, wie van Gogh es in seiner *Ebene von Crau* (s. Abb. S. 54/55) vermochte? Und wer hatte wirklich gezeigt, wie die abendliche Sonne mit ihrer Glut ein Kornfeld entzündet? (s. Abb. S. 47) Doch von den ersten Versuchen an, sich mit dem Zeichenstift aus der sozialen Isolierung zu befreien, stand für ihn die Darstellung des Menschen im Mittelpunkt. »Ich will versuchen, es mit meinen Bildern etwas anders zu halten«, schrieb er August 1888 an Theo, »ich will mehr Figuren machen. Das ist eigentlich das einzige, was mich in der Malerei aufs tiefste erregt, es läßt mich das Unendliche mehr empfinden als alles übrige.«[61]

Betrachten wir zunächst die Werke, die am Beginn von van Goghs erneuter Hinwendung zur »Figur« stehen: die Bildnisse *Der Zuave* (s. Abb. S. 50) und *Der Briefträger Roulin* (s. Abb. S. 51). Beide waren für van Gogh in erster Linie »Modelle«, doch besaß dieser Begriff hier wie schon zur Zeit seiner Arbeit in Den Haag und Nuenen keine abwertende, distanzierende Bedeutung. Er besagt vielmehr, daß eine ganz konkrete Person Gegenstand seiner künstlerischen Arbeit ist. Je genauer ihre Eigenschaften zur Darstellung gelangen, desto allgemeinere, »modellhafte« Bedeutung gewinnt ihr Bildnis.

Beide Beispiele zeigen Menschen in Uniform. Der Zuave, Mitglied einer Infanterietruppe, die Frankreich seit 1831 aus dem algerischen Berberstamm der Zuaven rekrutierte, und der Briefträger: beide treten uns in ihrer »amtlichen« Erscheinung vor Augen und sind doch unverwechselbare Charaktere. Van Gogh erfaßte sie mit jener »tiefen Erregung«, die auch seine brieflichen Äußerungen über die Arbeit an den Bildnissen prägt. Über die Vorstufe zum ganzfigurigen Zuaven-Bildnis, ein Brustbild, berichtete er dem Bruder: »Den katzenhaften, sonnenverbrannten Kopf mit der krapproten Mütze habe ich gegen eine grüngestrichene Tür und die gelbroten Ziegel einer Mauer gesetzt. Es ist also

Der Zuave,
Öl auf Leinwand,
1888,
Sammlung
Albert D. Lasker,
New York

eine freche Zusammenstellung greller Töne, nicht leicht durchzuführen. Die Studie, die ich davon gemacht habe, scheint mir sehr hart, und doch würde ich gern immerfort an so vulgären und schreiend grellfarbigen Porträts wie diesem arbeiten. Das lehrt mich vieles, und das vor allem verlange ich von meiner Arbeit.«[62] Roulin charakterisierte er als »Postmeister in blauer Uniform, mit goldenen Borten, ein derbes, bärtiges Gesicht, durchaus ein Sokrates. Wütender Republikaner wie der Vater Tanguy. Ein Mann, der wesentlich interessanter ist als viele andere Leute.«[63]

Die hier angesprochenen Aspekte steigern und ordnen die Gemälde. So gewinnt die Darstellung des Zuaven (sein Name ist Paul Eugène Milliet) den Ausdruck von Energie und Gelassenheit durch den Kontrast zwischen oberer (entfernter) und unterer (naher) Bildhälfte. Man braucht nur kurz den oberen Teil des Gemäldes abzudecken, um zu erkennen, mit welcher explosiver Wirkung die weit gespreizten Beine in ihren roten, von diagonalen Schlaglichtern durchkreuzten Hosen in den

Raum vorstoßen. Das gleichfalls diagonal strukturierte Muster der Bodenfliesen unterstützt diese Räumlichkeit und variiert anderseits das gekurvte Ornament der Jacke. Die lapidare Genauigkeit der Unterscheidung und Verknüpfung zwischen oberer und unterer Bildhälfte verdeutlicht der jeweilige Anteil von Weiß und Rot: oben die kleine rote Mütze vor weiter weißer Wandfläche, unten umgekehrt die beiden weißen Gamaschen inmitten des dominierenden Rot bzw. Rotbraun.

Auch das Bildnis des Joseph Roulin, dessen treue Freundschaft van Gogh fand und erwiderte, schafft Räumlichkeit – seit Giotto unabdingbare Voraussetzung für die Gestaltung des Menschen als handelndes, auf andere bezogenes körperlich-geistiges Wesen. Um diese Räumlichkeit spürbar zu machen, hat sich van Gogh scheinbar ganz auf die male-

Der Briefträger Roulin,
Öl auf Leinwand,
1888,
Museum of
Fine Arts,
Boston

rische Bewältigung des Gewands konzentriert: »An der wirklichkeitsgerechten Schilderung der am Körper getragenen Kleidung interessiert, verfolgt van Gogh deren Kontur mit kräftigen schwarzen Linien, die er sehr überlegt anwendet: zuweilen, wie etwa an den Schultern, und an anderen Stellen, werden sie ausgelassen, anderswo zu Schatten verdichtet. Immer unregelmäßig, passen sie sich dem Körper an und sind so verschiedenartig wie die von ihnen umrissene Fläche in ihren Abstufungen von warmen und kalten Tönen innerhalb des gleichen Blau« (Meyer Schapiro).[64] Diese Beweglichkeit, die van Gogh dem uniformierten, etwas verkrampft postierten Körper abgewann, überträgt sich auf den Ausdruck des Gesichts. Für sich betrachtet wirkt es eher starr. Im Zusammenhang der Gesamtdarstellung aber spiegelt es ein waches Empfindungsvermögen. Unwillkürlich wird unser Blick von hier auf die vier

Paare goldener Knöpfe gelenkt – und kehrt zu Roulins klugem, lebendigem Augenpaar zurück.

Im Bildnis hat van Gogh erreicht, was ihm als Ziel seiner Malerei insgesamt vor Augen stand: »... in einem Bild möchte ich etwas Tröstliches sagen, wie Musik. Ich möchte Männer und Frauen mit diesem gewissen Ewigen malen, wofür früher der Heiligenschein das Symbol war, und das wir durch das Leuchten, durch das Zittern und Schwingen unserer Farben zu geben versuchen ... Ach, das Bildnis, das Bild mit dem Geist, mit der Seele des Modells, mir scheint, das muß unbedingt kommen.«[65]

Der Sämann

»... Doch wie dem sei, Tatsache ist, daß wir Maler sind im wirklichen Leben, und daß es sich darum handelt, mit seinem Atem so lange zu malen als man Atem hat« (an Bernard, Juni 1888). Van Goghs Widerspruch richtet sich gegen eigene Betrachtungen über »das ewige Leben, die Unendlichkeit der Zeit, die Nichtigkeit des Todes, die Notwendigkeit und Berechtigung heiterer Gelassenheit und der Aufopferung«, die »Christus allein unter allen Philosophen, Magiern usw. als fundamentale Gewißheit ... bekräftigt« hat. Ebenso wie die Erde als flach erscheine und dennoch rund sei, erläuterte van Gogh dem Freund seine Gedanken, so sei vielleicht auch das Leben als »rund und an Ausdehnung und Fähigkeit weit bedeutender als seine einzige uns heute bekannte Hemisphäre«.[66]

Dies eine Beispiel steht für viele. Sie zeigen, daß van Goghs künstlerische Arbeit stets von der Auseinandersetzung mit religiösen, weltanschaulichen und kulturgeschichtlichen Fragen begleitet wurde. So erkundigte er sich in dem zitierten Brief an Bernard: »Hast Du je das Leben Luthers gelesen? Denn Cranach, Dürer und Holbein gehören zu ihm. Er – seine Persönlichkeit – ist das hohe Licht des Mittelalters.«[67] Assoziativ an den Begriff »Licht« anknüpfend, beurteilte er den »Sonnenkönig« Ludwig XIV. als »Finsterling«. In seinem Gemälde Der Garten des Dichters (September 1888) erkannte er »einen eigenartigen Stil, so daß man sich recht gut die Dichter der Renaissance darin vorstellen könnte: Dante, Petrarca, Boccaccio, wie sie zwischen den Gebüschen auf dem blütenübersäten Gras spazierengehen«.[68]

Das Hier und Jetzt, dem sich van Gogh als Maler verpflichtet sah, besaß für ihn diesen Hintergrund vielfältiger historischer Kenntnisse und Vorstellungen als Früchte einer umfangreichen Lektüre. Diese beeinflußte sein Schaffen nicht unmittelbar. Sie gelangte vielmehr dadurch zur Wirkung, daß sie die imaginativen Kräfte oder – wie van Gogh selbst es nannte – »künstlerische Nervosität« stärkte. Als er im August 1888 am Bildnis des bei Arles lebenden belgischen Maler-Dichters Eugène Boch arbeitete, steigerte er das Abbild des Freundes zu einer Huldigung an die Vorstellungskraft. Um den Dichter, »der große Träume träumt«, zu erfassen, ersetzte er im Hintergrund »die banale Wand des gewöhnlichen Zimmers« durch einen Sternenhimmel, »das Unendliche«. Wichti-

ger jedoch als diese Wahl eines sinnbildlichen Motivs ist die Konsequenz, die sich für van Gogh aus dem Nachthimmel für die malerische Behandlung des eigentlichen Bildgegenstands ergab: »Um es zu vollenden, werde ich jetzt willkürlicher Kolorist. Ich übertreibe das Blond der Haare. Ich komme so zu Orangetönen, zum Chromgelb, zum hellen Zitronengelb ... So bekommt der blonde, leuchtende Kopf auf dem Hintergrund von reichem Blau eine mystische Wirkung wie der Stern im tiefen Azur.«[69]

Gemüsegärten
(Die Ebene
von Crau,
Der blaue Karren),
Öl auf Leinwand,
1888,
Rijksmuseum
Vincent van Gogh,
Amsterdam

Das Gegenbild zum Träumenden ist das des Sämanns, »der ausging,
zu säen seinen Samen« (Lukas 8,5). Die unwillkürliche Bindung an die
vorgegebene gleichnishafte Bedeutung des Sämanns hinderte van Gogh
daran, jenes gegenüber Rappard abgegebene Versprechen einzulösen,
eines Tages »einen Sämann zu machen, der [ausschließlich] sät«. Vielmehr blieb seine Gestalt in der vorbereitenden Skizze (s. Abb. S. 52)
wie im ausgeführten Gemälde ein Zitat – nach Millet.

In Gemälden wie *Die Einschiffung nach Kythera* (der Insel der Liebes-göttin Venus) oder *Gesellschaft im Park* hatte Antoine Watteau die hö-fisch-aristokratischen Lustbarkeiten der Rokoko-Gesellschaft malerisch verklärt. In vergleichbarer Weise wandten die Impressionisten den gan-zen Reichtum ihrer Palette auf, um den farbigen Glanz, die genußvolle Atmosphäre der Pariser Vergnügungsstätten einzufangen. Hieran grenzte das Thema der Kokotte an. Manet hatte es 1863 mit seiner *Olympia* noch an das traditionelle Motiv der ruhenden Venus geknüpft; 1872/73 antwortete Cézanne mit seiner *Modernen Olympia*, einer Orgie farbigen Duftes. Diese »Offenbarung des Fleisches« in Anwesenheit eines Herrn aus besseren Kreisen, wandelte die Aktdarstellung zur Mi-lieuschilderung ab. Auf diesem Wege folgte Manet mit seinem Gemälde *Nana* (1877), einer galanten Toilettenszene.

Was aber berechtigte die Beschränkung der Künstler auf die Dar-stellung der Luxus-Prostitution? Weshalb sollte nicht deren alltägliche Erscheinungsweise als Gegenstand der Kunst dienen, zumal sich die sit-tengeschichtliche Darstellung dieses Themas schon angenommen hatte? So war etwa 1884 in Paris »La prostitution contemporaine« (»Die zeit-genössische Prostitution«) mit reportagehaften Illustrationen von Ruben de Couder erschienen. Wie Toulouse-Lautrec so bemühte sich auch Emile Bernard, in diesem Milieu als Künstler Fuß zu fassen. Im Oktober 1888 sandte er eine »Sammlung von Entwürfen, betitelt: Im Bordell« nach Arles, die van Gogh mit einem »Bravo!« quittierte: »Im Bordell! Ja, gerade das muß man machen«; und im Hinblick auf Ber-nards bevorstehende Militärzeit fügte er hinzu: »ich versichere Dir, daß ich Dich meinerseits um das unerhörte Glück fast beneide, dort in der Uniform hineinzukommen, in welche diese guten Mädchen so vernarrt sind.« Sich selbst sah er Grenzen gesetzt: »Weißt Du, Bernard, es scheint mir immer, ich sollte, wenn ich Bordellstudien machen will, mehr Geld haben als ich besitze. Ich bin nicht jung und auch nicht ein solches Futter für die Weiber, daß sie mir ohne Geld Modell stehen. Und ich kann nicht ohne Modell arbeiten.«[70]

Van Gogh hatte das Thema der Prostitution schon mehrfach im Briefwechsel mit Bernard angeschnitten, so im Juni 1888 anläßlich eines Gedichts, das Bernard verfaßt hatte: ». . . Am Schluß moralisierst Du. Du sagst der Gesellschaft, sie sei niederträchtig, weil die Dirne uns an das Fleisch auf dem Markt erinnert. Das ist sehr richtig: Die Dirne ist wie das Fleisch beim Metzger. Ich abgestumpfter Mensch verstehe, fühle das und finde hier einen Eindruck aus meinem eigenen Leben wieder. Ich sage: das ist gut gesprochen, denn der klangvolle Rhythmus der far-bigen Worte weckt in mir die Vorstellung der brutalen Wirklichkeit des Bordells mit großer Intensität. Dagegen machen die am Schluß an die ›Gesellschaft‹ – für mich Abgestumpften ein hohles Wort wie ›der liebe Gott‹ – gerichteten Vorwürfe keinen Eindruck mehr auf mich.«[71] Im Hinblick auf Bernards Vorstellung einer »gesellschaftlichen Rehabilitie-rung« fährt van Gogh fort: »Die fragliche fügsame Dirne hat weit mehr meine Sympathie als mein Mitleid. Ausgestoßen, ein Auswurf der Gesellschaft, sicherlich wie ich und Du, die Künstler, es sind – ebenfalls ein ›Auswurf‹ – ist sie folglich gewiß unsre Freundin und Schwester.«[72] Als vergleichbar erschien ihm die »Unabhängigkeit, welche, genau betrachtet, nicht ohne Vorteile ist«. Denn wie sollte jene »Rehabilitation« in eine Gesellschaft »voller Indifferenz und Anarchie« das Los der Ausgestoßenen verbessern? Hatte sein gescheitertes Zusammenleben mit Sien dies nicht deutlich gezeigt? »Wir Künstler, die wir Ordnung und Symmetrie lieben, sondern uns ab und arbeiten daran, eine einzige Sache festzulegen.«[73]

Noch stützte sich van Gogh auf das Bewußtsein, als Künstler in freier, notwendiger Entscheidung am Rande der Gesellschaft zu leben. Umso genauer erfaßte er die Not der sozialen Außenseiter. Ihnen ist sein im September 1888 entstandenes Gemälde *Das Nachtcafé* (s. Abb. S. 58) gewidmet. Über das Lokal (heute Café de l'Alcazar) berichtete er Bernard: »Ich habe Dir nun schon tausendmal geschrieben, daß mein ›Nachtcafé‹ kein Bordell ist. Es ist ein Café, in welchem die Nachtschwärmer aufhören, Nachtschwärmer zu sein, da sie die ganze Nacht schlaff und versumpft auf den Tischen verbringen, ohne im geringsten herumzustreichen. Nur zufällig bringt eine Dirne ihren Liebhaber dorthin. Als ich aber einmal nachts hinkam, überraschte ich die kleine Gruppe eines Zuhälters und einer Dirne, welche sich nach einem Streit wieder aussöhnten. Das Weib spielte die Kalte und Hochmütige, der Mann schmeichelte . . .«[74]

Das Paar in der linken Ecke des Raumes könnte auf dieses Erlebnis anspielen, doch besitzt das Gemälde nichts weniger als den Charakter einer Erzählung. Es dominiert die Schilderung von Gegenständen in einem Raum; dennoch entsteht der Eindruck einer Handlung. Sie ergibt sich aus der jähen Bewegung, mit welcher der Blick durch den Raum auf die erleuchtete Öffnung in der Rückwand zueilt. Hinter ihr scheint der eigentliche Ort zu liegen, den aufzusuchen es sich lohnen würde, der mit unwiderstehlicher Anziehungskraft die Erwartungen auf sich lenkt. Doch der Blick prallt gleichsam auf die rote Barriere der Rückwand und wird zurückgestoßen, bis er in der Silhouette der stehenden weißen Gestalt denselben Umriß erkennt, den jene von dunklen Vorhängen begrenzte Helligkeit besitzt. Eine eigentümliche Beziehung scheint zwischen Durchgang und Gestalt zu bestehen: was jener verheißt, könnte durch diese verwehrt werden. Nicht durch laute Befehlsgewalt, sondern allein durch den Hinweis auf eine unumstößliche Verweigerung, wie sie in Franz Kafkas Parabeln waltet.

Van Goghs eigene Deutung des *Nachtcafé* als »Höllenofen«, in dessen einer Ecke der Wirt »Wache steht«, bezieht sich vornehmlich auf die Farbe: »Der Raum ist blutrot und dunkelgelb mit einem grünen Billardtisch in der Mitte und vier zitronengelben Lampen, die orangefarben und grün glühen. Überall gibt es Zusammenstöße und Kontraste vom fremdartigsten Rot und Grün, in den Figuren der schlafenden Strolche, in dem kalten, unbehaglichen Raum, im Violett und Blau. Das Blutrot und Gelbgrün des Billardtisches bildet einen Gegensatz zu dem weichen, zarten Louis XV-Grün des Schanktisches, auf dem ein rosenfarbener Blumenstrauß steht.« Wenige Tage später schrieb er: »Ich habe ver-

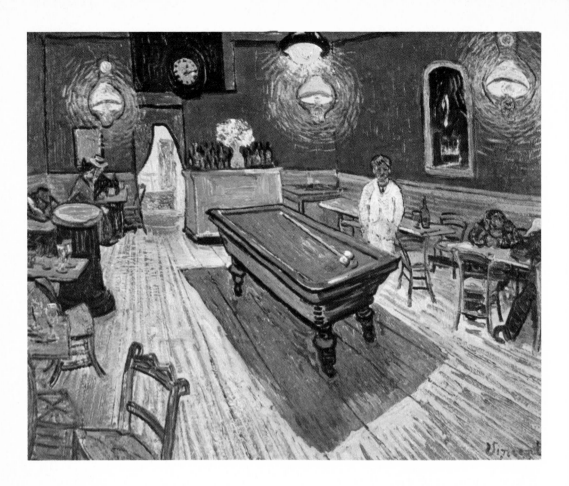

sucht, den Gedanken auszudrücken, daß das Café ein Ort ist, an dem man sich ruinieren, verrückt werden oder ein Verbrechen begehen kann. Ich habe also sozusagen versucht, die finsteren Mächte in einer gemeinen Kneipe darzustellen . . . und das alles in einer Atmosphäre, fahl und schweflig wie ein Teufelsofen.«[75]

Aus van Goghs Sicht knüpfte das *Nachtcafé* an die *Kartoffelesser* an. In beiden Gemälden, so können wir diese Zuordnung nachvollziehen, treten Menschen in ihrem (sozialen) Kerker in Erscheinung. Die »ernstere Bedeutung« seines Bildes wurde van Gogh durch einen Zeitungsartikel über Dostojewskij bewußt.[76]

Gegenüber dem *Nachtcafé* erscheint das etwa zur gleichen Zeit entstandene Ölgemälde *Caféterrasse bei Nacht* (s. Abb. S. 59) wie eine Befreiungstat. Zwar weist auch in dieser Komposition die Bewegungsrichtung in die Tiefe. Dort, am perspektivischen Fluchtpunkt, begegnen wir einem frontal dargestellten Pferd, das durch eine dunkle Toreinfahrt zockelt. Oder trägt es einen schwarzen Reiter, gar einen irrenden Ritter, Don Quijote persönlich? Doch der perspektivische Zwang, der uns im *Nachtcafé* »kopfüber an leeren Stühlen und Tischen vorbei zu den verborgenen Tiefen hinter dem fernen Türdurchgang zieht« (Meyer Schapiro)[77], ist in der *Caféterrasse* weit weniger ausgeprägt. Stattdessen beschäftigt uns die vertikale Beziehung zwischen den Gestirnen und den elliptischen Tischplatten, zwischen dem Himmelsausschnitt und dem Terrassenboden. Vom Motiv her gehört das Bild zur Gattung der »Nachtstücke«, welche die Verwandlung der Welt im Licht der nächtlichen Gestirne, eines Feuers oder einer Lampe schildern. In diesem Sinne erleben wir inmitten der nächtlichen Szenerie den Glanz und die sonnenhafte Leuchtkraft einer – Gaslaterne. Wie mag das Bild entstanden sein? Van Gogh, der »nie ohne Modell arbeiten« konnte, soll Kerzen an seiner Hutkrempe befestigt haben, um in deren Schein zu malen.

Caféterrasse
bei Nacht,
Öl auf Leinwand,
1888,
Rijksmuseum
Kröller-Müller,
Otterlo

Zur Sozialgeschichte der Kunst im 19. Jahrhundert gehört – als Waffe gegen den erstarrten Akademismus, die staatliche Lenkung des Kunstbetriebs und den Kunstmarkt – der Gedanke der Künstlergemeinschaft. Bereits 1809 hatten sich in Wien junge Akademiestudenten zur »St. Lukas-Brüderschaft« zusammengeschlossen. Sie hofften, in Rom in gemeinsamer Arbeit eine Erneuerung der Kunst unter Führung der religiösen Malerei herbeiführen zu können. Nach dem Vorbild dieser als »Nazarener« verspotteten Künstler entstand 1848 in London die »Pre-Raphaelite Brotherhood«, die »Brüderschaft« von Künstlern, die in ihrer Gestaltungsweise an die Malerei »vor Raffael« anknüpften. Zur gleichen Zeit bestand in der Nähe von Paris die schon genannte »Schule von Barbizon«. Van Gogh war durchdrungen von dem Wunsch, an einer solchen Gemeinschaft von Künstlern teilzuhaben. »Je länger desto mehr scheint mir, daß die Bilder, die geschaffen werden müßten, die Bilder, die notwendig, unumgänglich sind, um der gegenwärtigen Malerei zu ihrem vollkommensten Ausdruck zu verhelfen und sie auf eine Höhe zu bringen, die den erhabenen Gipfel, den die griechischen Bildhauer, die deutschen Musiker und die französischen Romanschriftsteller erreicht haben, gleichkommt, die Kraft eines einzelnen Individuums überschreitet. Sie werden also wahrscheinlich von Gruppen von Menschen geschaffen werden, die sich zusammentun, um eine gemeinsame Idee auszuführen. Der eine verfügt über eine prächtige Farbenorchestrierung, es fehlt ihm aber an Ideen. Der andere hat einen Überfluß an neuen, erschütternden oder reizenden Einfällen, versteht es aber infolge der Zaghaftigkeit einer beschränkten Palette nicht, sie klangvoll genug zum Ausdruck zu bringen. Grund genug, um den mangelnden Korpsgeist bei den Künstlern zu bedauern, die einander kritisieren, verfolgen, glücklicherweise ohne einander vernichten zu können.«

Bernard, an den diese Zeilen gerichtet waren, reagierte offensichtlich ablehnend auf die Vorstellung gemeinsamer Arbeit, denn van Gogh präzisierte: ». . . mit Zusammenarbeit wollte ich nicht sagen, daß nach meiner Meinung zwei oder mehr Maler an den gleichen Bildern arbeiten sollten. Ich wollte vielmehr darunter verschiedenartige Werke verstanden wissen, die aber zusammengehören und sich ergänzen. Denk mal an die italienischen Primitiven und die deutschen Primitiven und die holländische Schule und die eigentlichen Italiener, kurz denk an die ganze Malerei!«[78] Damit schien sich die Idee der Künstlergemeinschaft jedoch ins Allgemeine zu verflüchtigen. Van Gogh zog daher die »materiellen Schwierigkeiten des Malerlebens« als weiteren Gesichtspunkt heran, um »die Zusammenarbeit und Vereinigung der Maler« zu begründen, und zwar ausdrücklich nach dem Vorbild der mittelalterlichen Künstlergilden, der »Sankt Lukaskorporationen«: »Wenn die Maler für das materielle Leben sorgten und sich wie Kameraden liebten, anstatt sich gegenseitig die Augen auszukratzen, wären sie glücklicher und auf jeden Fall weniger lächerlich, weniger dumm und weniger strafbar.«[79]

Van Gogh setzte seine Hoffnung auf Gauguin, der im Winter eine Reise nach Panama und zu der westindischen Insel Martinique unternommen hatte. Er hielt sich nun gemeinsam mit Bernard in Pont-Aven in der Bretagne auf. Es wird vermutet, daß Gauguins Bereitschaft, auf van Goghs Wünsche einzugehen, nicht zuletzt von der Absicht geleitet wurde, die Beziehung zu dessen Bruder Theo enger zu gestalten. Tatsache ist, daß auch Vincent das gemeinsame Unternehmen im Hinblick auf Theos Tätigkeit im Kunsthandel betrachtete. So schrieb er im September 1888 an Gauguin: »Was meinem Bruder wie mir so am Herzen liegt, sind Maßnahmen, um die materielle Existenz der Maler zu gewährleisten.«[80] Gedacht war unter anderem daran, ihnen »Anteil an den Preisen« zu sichern, »die ihre Bilder erst lange nachdem sie aufgehört haben, das Eigentum der Künstler zu sein, erreichen«.[81] Van Gogh freilich hatte zu diesem Zeitpunkt noch kein einziges Gemälde verkauft; zu seinen Lebzeiten fand nur ein Werk, die im November 1888 entstandenen *Roten Weingärten*, einen Käufer, nämlich Anna Boch, die Schwester Eugène Bochs.

Zu van Goghs Vorbereitungen auf die Ankunft Gauguins gehörte neben der Einrichtung der vier Räume des »gelben Hauses« (etwa der Gasbeleuchtung im Atelier) ein dem Freund gewidmetes *Selbstbildnis* (s. Abb. S. 62). Es zeugt von der Bereitschaft, Gauguins entschiedene Abwendung von Europa zu teilen. Van Gogh sah sich, wie er Gauguin bekannte, gezwungen, »noch weiter von der konventionellen Verdummung unserer sogenannten Zivilisation los[zu]kommen, um ein besseres Modell für ein besseres Bild zu sein«.[82] Wenigstens einen Schritt in diese Richtung glaubte er getan zu haben, indem er sich als »un Bonze simple adorateur du Buddha éternel« darstellte, als »einen einfachen Priester, der den ewigen Buddha anbetet«.[83] Um das fernöstliche Aussehen zu betonen, veränderte er Schnitt und Stellung der Augen im »japanischen Stil«, was ihn nach seiner Auffassung als »wahren Impressionisten« charakterisierte. Gauguins Abreise verzögerte sich durch eine Erkrankung; endlich, am 23. Oktober 1888, traf er in Arles ein.

Die künstlerischen Voraussetzungen, unter denen Gauguin mit van Gogh in unmittelbare Beziehung und Auseinandersetzung trat, verdeutlicht sein kurz zuvor in Pont-Aven entstandenes, für eine Kirche bestimmtes Gemälde *Die Vision nach der Predigt: Jakobs Kampf mit dem Engel* (s. Abb. S. 63). Programmatisch verbindet das Werk Reales (die bretonischen Frauen) mit einem Vorstellungsbild nach dem Bericht im ersten Buch Moses, Kapitel 32: »... Da rang ein Mann mit ihm [Jakob], bis die Morgenröte anbrach. Und als er sah, daß er ihn nicht überwältigen konnte, rührte er sein Hüftgelenk an, und das Gelenk der Hüfte Jakobs wurde beim Ringen verrenkt. Und er sprach: ›Laß mich gehen, denn die Morgenröte bricht an.‹ Aber Jakob antwortete: ›Ich lasse dich nicht, du segnest mich denn.‹« Die Verbindung zwischen Realität und Vorstellung wird durch den flächigen, am Vorbild japanischer Farbholzschnitte geschulten Stil geschaffen. Er richtete sich sowohl gegen die impressionistische und neoimpressionistische Auflösung von Kontur und Fläche, als auch gegen jeglichen Realismus in der Nachbildung räumlich-perspektivischer Zuordnungen. Das Gefüge aus ornamental aufgefaßten, dekorativen Flächen erschien als das geeignete Mittel, die Malerei im Sinne des Symbolismus zu erneuern. Statt die Realität abzubilden,

wie dies die Photographie zu leisten vermochte, sollten Farbe, Fläche und Kontur poetische Schöpfungen einer eigenständigen Bildwelt ergeben. Auf dieser theoretischen Grundlage fand sich, ausgehend von der Begegnung Gauguins mit Paul Sérusier in Pont-Aven im Frühjahr 1888, eine Gruppe von Malern zusammen, die sich nach der hebräischen Bezeichnung für »Propheten« den Namen »Nabis« gaben.

Farbe, Fläche, Kontur – dies waren Ausdrucksmittel, die van Gogh mit einer Entschiedenheit verwendete, die Gauguin eigentlich hinreißen mußte, ganz zu schweigen von der Kraft, die van Goghs Steigerung perspektivischer Erscheinungen besaß. Doch wie stand es mit der neuen »Bedeutung« der Malerei, dem »Höheren«? Van Gogh ahnte den Konflikt, in den er mit Gauguin geraten würde. »Ich finde meine künstlerischen Konzeptionen ungeheuer gewöhnlich im Vergleich zu den Ihren«, schrieb er ihm im September und führte als Begründung an: »Ich habe dauernd animalische Gelüste. Ich vergesse alles über der äußeren

Schönheit der Dinge, die ich nicht wiederzugeben vermag, denn ich gebe sie in meinem Bild häßlich und grob wieder, während mir doch die Natur vollkommen erscheint.« Was ihm blieb, war die »Ehrlichkeit«, durch die seine Werke »ursprünglich und persönlich« waren.[84] Hierauf beharrte er; im November 1889 verwarf er eine der religiösen Darstellungen Bernards, einen »Kreuztragenden Christus«, mit den Worten: »Ich verzeihe Dir das Banal-Unpersönliche, jawohl das Banal-Unpersönliche der Komposition nicht.«[85]

Neben brieflichen Äußerungen, etwa gegenüber Bernard, sind die Gemälde Gauguins und van Goghs beredte Zeugen des zweimonatigen Zusammenlebens. Der Vergleich von Darstellungen gleicher oder verwandter Motive läßt das Bemühen erkennen, die jeweils eigenen Anschauungen zu klären. Ein Beispiel hierfür sind die beiden Gemälde *Les Alycamps*, die Schilderung einer von Grabmonumenten gesäumten Allee in Arles. Während Gauguin einen Standort wählte, von dem aus sich die landschaftlichen Elemente ohne räumliche Dramatik über die Bildfläche verteilen ließen, gestaltete van Gogh einen Durchblick durch die kolonnadenartige Reihe der kahlen Baumstämme, hinter denen die von Spaziergängern bevölkerte Straße diagonal die Bildfläche durchquert. In einem Brief an Bernard deutete Gauguin die unterschiedliche Orientierung mit dem Satz an: »Es ist komisch, van Gogh glaubt hier ›Daumier‹ malen zu müssen, ich, im Gegensatz dazu, farbigen ›Puvis‹ [gemeint ist der dem Symbolismus nahestehende, in lichten Grautönen malende Pierre Puvis de Chavannes], gemischt mit Japanischem.«[86]

Paul Gauguin:
Vision
nach der Predigt:
Jakobs Kampf
mit dem Engel,
Öl auf Leinwand,
1888,
National Gallery
of Scotland,
Edinburgh

Die Gegensätze blieben nicht ohne Wirkung, zunächst dergestalt, daß van Gogh sich Gauguins Forderung nach freien, vom Naturvorbild abstrahierenden Darstellungen beugte, ja sogar unmittelbar dem Vorbild des Meisters folgte. So entspricht sein Gemälde mit dem Doppeltitel *Spaziergang in Arles (Erinnerungen an den Garten in Etten)* Gauguins Komposition *Der Garten des Krankenhauses in Arles.* Hier wie dort ist die räumliche Wirkung durch eine ornamentale Gestaltung der Figuren, Büsche und Wege aufgehoben.

Die engste Berührung ergab sich, als sie gemeinsam und zur selben Zeit ein Frauenbildnis in Angriff nahmen: *L'Arlèsienne* (s. Abb. S. 66 und S. 67). Es handelt sich um Madame Ginoux, die Ehefrau des Besitzers des »Café de la Gare« in Arles. Während van Gogh das Bildnis (»in einer Stunde«, wie er seinem Bruder mitteilte) als Ölgemälde ausführte, beschränkte sich Gauguin auf eine Kohlezeichnung. Der Vergleich beider Darstellungen läßt erkennen, daß er während der Sitzung seinen Platz zur Rechten des Modells hatte, während van Gogh die linke Körperseite zugewandt war. Betrachten wir zunächst Gauguins Auffassung: eine reife, lächelnde Frau, mit einer Spur von Verwunderung oder schalkhafter Abwehr, die sich vielleicht auf eine anzügliche Bemerkung des vitalen Künstlers bezieht. Vielleicht ist Madame Ginoux in Gauguins Bemerkung im oben zitierten Brief an Bernard eingeschlossen: »Die Frauen hier haben elegante Haartrachten, griechisch anmutende Schönheit; ihre Halstücher sind altmeisterlich gefaltet: . . .«[87] Solche distanzierte Betrachtung war jedoch literarischer Natur; Gauguin schätzte unmittelbare Genüsse. Nichts von dieser Atmosphäre ist in van Goghs Gemälde spürbar (die Abbildung gibt eine zweite, durch das Buchstilleben gekennzeichnete Fassung wieder; die erste zeigt auf dem Tisch ein Paar Handschuhe). Oder »sublimiert«, wie Meyer Schapiro zu bedenken gibt, das »ekstatische Gelb, das das Bild der Frau verdunkelt, vielleicht verborgene erotische Gefühle«?[88] Als sicher erscheint, daß van Gogh unter den Augen Gauguins alle bisherigen Grenzen in der Gestaltung farbiger Kontraste überschritten hat. Wollte er beweisen, mit welcher Kühnheit er sich gegenüber dem Naturvorbild verhalten konnte? Zugleich zeigte er, was er unter Kontur verstand: eine bis ins kleinste Detail empfundene Abfolge linearer Elemente wie Rundung, Gerade, Zacken. Im Vergleich hierzu erscheinen Gauguins umrandende Linien als eingeschränkt auf eine weiche Eingrenzung.

Wir müssen, um das Thema *L'Arlèsienne* unter dem Gesichtspunkt der Beziehung zwischen van Gogh und Gauguin zu Ende zu führen, den weiteren Ereignissen vorausgreifen. Jene Kohlezeichnung, die Gauguin für eine Gestalt seines Gemäldes *Le Café d'Arles* verwendete, blieb in van Goghs Besitz. Anfang des Jahres 1890 diente sie ihm als Vorlage für eine farbige Nachgestaltung, die er Gauguin zuschickte. Auf dessen wohlwollendes Echo hin schrieb er ihm von Auvers aus im Juni 1890: »Ich habe versucht, Ihrer Zeichnung respektvoll treu zu bleiben, und doch nahm ich mir die Freiheit, sie mittels einer Farbe von der sparsamen Art und im Stil der fraglichen Zeichnung zu interpretieren. Es ist eine Synthese der Arlesierin . . . nehmen sie dies als ein Werk von Ihnen und von mir, als eine Zusammenfassung unserer gemeinsamen

Arbeitsmonate.«[89] Van Gogh bekannte sich hier, wenige Wochen vor seinem Tode, noch einmal zur Idee seines »Ateliers des Südens«. Im gemeinsamen Bildnis der *Arlésienne* schien dieses Ideal seine Erfüllung gefunden zu haben.

Doch zurück nach Arles. Wohl schon in den ersten Tagen des Zusammenseins entstand ein Bildnis van Goghs von der Hand Gauguins, das den Dargestellten zutiefst beunruhigte. Er selbst hatte sich stets durch den eindringlichen Blick seiner Augen charakterisiert. Selbst das von Toulouse-Lautrec in Paris geschaffene Pastell-Porträt ließ, obwohl als Profilansicht gestaltet, die Kraft spüren, mit der sich van Gogh als Augenmensch seiner Umwelt zuwandte. Gauguin dagegen rückte die Gestalt des Malers an den rechten Bildrand seiner querformatigen Komposition. Von hier aus führt der rechte Arm in einer zaghaften Bewegung zur Staffelei, neben der eine Vase mit Sonnenblumen aufgebaut ist. Die rechte Hand führt einen extrem dünnen Pinsel, die Augen aber sind niedergeschlagen, ohne zu erkennen zu geben, ob sie auf die Palette, auf die Sonnenblumen oder einen unbestimmten Punkt im Raum gerichtet sind. »Was auch an Gauguins Auffassung von Vincent fehlen mag«, interpretiert A. M. Hammacher das Bildnis, »das über ihn verhängte Schicksal, das Gequälte hat er an seiner Gestalt erkannt. Aber van Goghs Blick wich er aus.«[90]

Anfang Dezember reisten van Gogh und Gauguin nach Montpellier, um das Musée Fabre mit der Sammlung von Alfred Bruyas, einem Förderer Delacroix' und Courbets, zu besuchen. Daneben konnten sie Beispiele der niederländischen Malerei des 17. Jahrhunderts betrachten, aber auch frühe italienische Gemälde, etwa die Tafel *Tod und Himmelfahrt Mariä* aus der Giotto-Schule: »Dort ist der Ausdruck des Schmerzes und der Ekstase derart menschlich«, berichtete van Gogh ein Jahr später Bernard, mit unverkennbar kritischem Blick auf dessen religiöse Malerei, »daß man sie, trotz des ganzen neunzehnten Jahrhunderts, das man in sich hat, herausfühlt und dabeigewesen zu sein glaubt – so sehr ist man mitergriffen.«[91] In ähnlicher Weise mag van Gogh seine Anschauungen gegenüber Gauguin vertreten haben, der ihn als »Romantiker« abqualifizierte. Ihre Gespräche verglich van Gogh in einem Brief an Theo mit der Entladung elektrischer Batterien, der die völlige Erschöpfung folgte. Im Hintergrund stand die Drohung Gauguins, wieder abzureisen – anstatt weitere Künstler zur Übersiedlung nach Arles zu veranlassen. Van Gogh gab seiner Furcht vor der Trennung in einem wohl Mitte Dezember entstandenen Gemälde Ausdruck: *Gauguins Stuhl*. Zugrunde lag möglicherweise die Erinnerung an einen 1870, im Todesjahr von Charles Dickens, verbreiteten Stich mit dem Titel *The empty chair* (»Der leere Stuhl«), der den verwaisten Arbeitsplatz des Schriftstellers zeigt. »Einige Tage bevor wir uns trennten«, erinnerte sich van Gogh in seinem Brief an Albert Aurier vom Februar 1890, »habe ich ›seinen leeren Platz‹ zu malen versucht. Es ist das eine Studie seines Stuhles aus dunklem, braunrotem Holz, der Sitz aus grünlichem Stroh, und an Stelle des Abwesenden ein brennendes Licht und moderne Romane.«[92] Die zugehörige zweite der »recht eigenartigen Studien« (an Theo) zeigt van Goghs eigenen, weit unbequemeren Holzstuhl mit

Paul Gauguin:
L'Arlésienne
(Mme Ginoux),
Kohle, 1888,
Sammlung
T. Edward Hanley,
Bradford,
Pennsylvania

strohgeflochtenem Sitz, auf dem eine geöffnete Tüte mit Tabak und eine Pfeife liegen. In äußerster Selbstverleugnung räumte van Gogh in diesem Diptychon, einem verdinglichten Doppelbildnis, dem Freund den Rang des Meisters ein, der anderen das Dunkel erleuchtet.

»Ich glaube, Gauguin hat die gute Stadt Arles, das kleine gelbe Haus, in dem wir arbeiten, und vor allem mich selber einigermaßen satt ... Aber diese Schwierigkeiten liegen mehr in uns selber als anderswo«, schrieb van Gogh am 23. Dezember an seinen Bruder.[93] Am Abend desselben Tages ereignete sich die Auseinandersetzung, die Anlaß zu übersteigerten Darstellungen gegeben hat. Das wohl authentischste Doku-

ment ist ein Brief, den Bernard am 1. Januar 1889 an Albert Aurier gerichtet hat und der den folgenden Bericht Gauguins enthält: »Am Tag, bevor ich Arles verließ, rannte Vincent hinter mir her – es war Nacht – ich drehte mich um, denn Vincent war seit einiger Zeit sonderbar und ich auf der Hut. Er sagte zu mir: ›Sie sind schweigsam, aber ich werde es auch sein.‹ Ich ging zum Schlafen in ein Hotel, und als ich zurückkam, stand die ganze [!] Bevölkerung von Arles vor unserem Haus . . . Folgendes hatte sich zugetragen: Vincent war heimgekehrt, nachdem ich

L'Arlésienne
(Mme Ginoux),
Öl auf Leinwand,
1888,
Metropolitan
Museum of Art,
New York

67

fortgegangen war, hatte ein Rasiermesser genommen und sein Ohr abgeschnitten.«[94] Schilderungen, die van Gogh einen Mordversuch an Gauguin unterstellen (Gauguin »dreht sich um und sieht sich Vincent gegenüber, der – drohend sein Rasiermesser schwingt«[95]), folgen Gauguins über ein Jahrzehnt später entstandenen Darstellung in »Avant et Après« (1903), in der von unmittelbarer körperlicher Bedrohung die Rede ist. Als gesichert erscheint dagegen, daß van Gogh den abgeschnittenen Teil seines rechten Ohrs einem Mädchen namens Rachel brachte. Am 24. Dezember wurde er bewußtlos in das Krankenhaus von Arles eingeliefert. Alarmiert durch ein Telegramm Gauguins reiste Theo nach Arles, wurde jedoch von den Ärzten beruhigt und kehrte gemeinsam mit Gauguin nach Paris zurück. Am 1. Januar konnte van Gogh seinem Bruder von der Aussicht berichten, das Spital in wenigen Tagen zu verlassen. Die Rückseite dieses Briefes enthält die folgenden an Gauguin gerichteten Zeilen: »Ich benutze meinen ersten Spital-Ausgang, um Ihnen ein paar Worte aufrichtigster und tiefempfundener Freundschaft zu schreiben. Ich habe im Spital viel an Sie gedacht, selbst bei vollem Fieber und entsprechender Schwäche.« Seine einzige dringende Bitte: Gauguin möge, bevor er es nicht »nach allen Seiten ganz reiflich überlegt« habe, davon absehen, über das »arme kleine gelbe Haus etwas Böses zu sagen«.[96] Am 7. Februar konnte er aus dem Krankenhaus entlassen werden.

»La Berceuse«

»Während meines Gehirnfiebers oder Wahnsinns – ich weiß nicht recht, wie ich mich ausdrücken oder wie ich es nennen soll – haben meine Gedanken viele Meere befahren. Meine Träume gingen bis zum Fliegenden Holländer und bis zum Horla, und es scheint, daß ich damals gesungen habe – ich, der ich sonst überhaupt nicht singen kann – und zwar just ein altes Ammenlied, in Erinnerung an das Lied der Berceuse, welche die Matrosen in den Schlaf sang, und die ich, bevor ich krank wurde, in ihrer farbigen Komposition (zu gestalten) gesucht hatte.«[97] Der Angesprochene ist Gauguin, und die Rede ist von van Goghs Bildnis der Madame Roulin, dem er den Titel *La Berceuse* gab: er kann sowohl »Das Wiegenlied«, »Die Wiege«, als auch »Die Amme« bedeuten (s. Abb. S. 71). Tatsächlich sind alle drei Elemente in dem Motiv enthalten, denn der geflochtene Strick in den Händen der mütterlichen Gestalt zeigt an, daß sich ihr Blick auf eine Wiege richtet, die mit diesem Strick in Bewegung gesetzt werden kann. Wenn van Gogh von Gauguins »farbiger Komposition(sweise)« spricht, so meint er damit die flächige oder ornamental gegliederte Verwendung der Farbe. Theo beschrieb er das Gemälde als Darstellung einer »Frau in Grün mit orangefarbenem Haar« vor einem »grünen Hintergrund mit rosafarbenen Blumen. Nun werden diese mißtönigen Schärfen von aufdringlichem Rosa, Orange und Grün durch rote und grüne Flächen abgemildert«.[98] Rot als Abmilderung? Sie ergibt sich nicht aus der Farbe als solcher, sondern aus dem Bildgefüge. Der Wechsel von roten, grünen und rotbraunen Flächen bildet einen nahezu symmetrisch gegliederten Sockel, über dem sich der dunkle Oberkörper, das lichte Antlitz und die wie aus einem Füllhorn ausgeschütteten üppigen Blüten erheben. Ein religiöser Hintergrund wird in der Bitte an den Bruder erkennbar, *La Berceuse* zwischen zwei der Sonnenblumengemälde aufzuhängen, so daß sich ein Triptychon, die Grundform des mittelalterlichen Altargemäldes, ergab: das trostreiche Bild der Mutter inmitten der leuchtenden Sinnbilder sommerlicher Lebensfülle.

Van Gogh schuf in den Monaten Januar bis März insgesamt fünf Fassungen von *La Berceuse*, gleichsam das eigene Trostbedürfnis im Malen immer wieder befriedigend. Daneben entstand das *Selbstbildnis mit abgeschnittenem Ohr* (auch *Mann mit Pfeife* genannt, s. Abb. S. 70). Auch hier ist der Wille zur »Abmilderung« im farbigen Aufbau spürbar. Andererseits entsteht durch die Schnittlinie zwischen Rot und dunklem Orange in Höhe der Augen eine »Schärfe«, die von den Rauchwölkchen nur wenig gemildert wird. Ein entsprechendes Selbstbildnis ohne Pfeife zeigt im Hintergrund einen japanischen Farbholzschnitt und die Staffelei: Hinweise auf das ungebrochene Streben nach künstlerischer Tätigkeit. Gleichfalls als Selbstbildnis ist eines der Stilleben aus dieser Zeit zu verstehen: es versammelt auf der Platte eines Holztisches die sinnbildlichen Gegenstände des Stuhl-Diptychons – Pfeife und Tabak, Kerze und Leuchter –, ferner ein medizinisches Fachbuch »Annuaire de la Santé« und einen Briefumschlag mit van Goghs Anschrift. Im Dinglichen spiegeln sich die Gedanken und Wünsche eines von Krankheit und Vereinsamung bedrohten Menschen.

Anfang Februar mußte van Gogh erneut in das Krankenhaus von Arles eingeliefert werden, nachdem er in ein Delirium verfallen war. Die Rückkehr in sein durch eine Überschwemmung in Mitleidenschaft gezogenes Atelier hatte zur Folge, daß ein mit über 80 Unterschriften versehener Antrag an den Bürgermeister gerichtet wurde, den nach allgemeiner Auffassung wahnsinnigen und gemeingefährlichen Holländer in Sicherheitsverwahrung zu nehmen. Dem Antrag wurde stattgegeben, van Gogh in die Tobsuchtszelle des Krankenhauses gesperrt. »Du wirst verstehen: Das war ein schrecklicher Schlag ins Gesicht, als ich sah, daß es hier so viele Menschen gibt, die feige genug sind, sich in dieser Zahl gegen einen einzelnen – und dazu noch Kranken – zu erheben. Welch ein Elend, und dies alles sozusagen wegen nichts!« schrieb van Gogh am 19. März 1889 an seinen Bruder. »Ich möchte Dir gerne meine Bilder schicken, aber alles ist hinter Schloß und Riegel, von Polizei und Irrenwärtern bewacht. Es ist eben eine Tatsache, man hat an den Bürgermeister eine Bittschrift gesandt. Ich habe einfach geantwortet, ich sei gerne bereit, mich ins Wasser zu stürzen, wenn so all diese tugendhaften Männer plötzlich glücklich würden.«[99]

Am 24. März durfte van Gogh das Krankenhaus für einen Tag verlassen. Der Grund war ein Besuch des Malers Paul Signac (1863–1935), der gemeinsam mit Seurat die neoimpressionistische Gestaltungsweise entwickelt hatte. Auch für ihn war Vincent nicht zuletzt der Bruder des Kunsthändlers Theo. Dies wird etwa in dem (einzig erhaltenen) Brief erkennbar, den van Gogh Mitte April an Signac richtete: » . . . Was den Umstand anbelangt, daß mein Bruder auf Ihren Brief noch nicht geant-

Selbstbildnis
mit abgeschnit-
tenem Ohr
(Mann mit Pfeife),
Öl auf Leinwand,
1889,
Sammlung
Mr. and Mrs. Leigh
B. Block,
Chicago

wortet hat, neige ich zu der Ansicht, es sei nicht seine Schuld. Ich habe ebenfalls keine Nachricht von ihm. Er ist nämlich in Holland, wo er sich in diesen Tagen verheiratet.« Van Goghs eigene Abscheu vor allem Amtlichen, vor der »zivilisierten« Ordnung spiegelt sich in der Vorstellung von der Hochzeit seines Bruders mit Johanna (»Jo«) Bonger: »Nun möchte ich um alles in der Welt nicht die Vorteile einer Ehe, sobald sie einmal geschlossen ist und man sich ruhig zu Hause eingerichtet hat, in Abrede stellen, aber das Leichengepränge der Empfänge und die kläglichen Gratulationen zweier Familien (dazu zivilisierter) zugleich, ungerechnet das zufällige Erscheinen in jenen Apothekerbuden, in denen vorsintflutliche zivile oder geistliche Magistrate tagen – wahrhaftig, hat man da nicht Grund, den armen Unglücklichen zu beklagen, der ge-

La Berceuse
(Mme Roulin),
Öl auf Leinwand,
1889,
Rijksmuseum
Vincent van Gogh,
Amsterdam

zwungen ist, sich, mit den nötigen Ausweispapieren versehen, nach dem Schauplatz zu begeben, wo man einen mit der Grausamkeit, wie sie von den grausamsten Menschenfressern nicht erreicht wird, bei lebendigem Leibe unter den Martern der oben genannten Empfänge und Leichengepränge verheiratet.«[100]

Im selben Brief an Signac bekannte van Gogh auch: ».. . in gewissen Augenblicken ist es mir nicht ganz bequem, wieder mit dem Leben zu beginnen, denn innerlich ist mir eine Hoffnungslosigkeit von ziemlich schwerem Kaliber geblieben. Doch wahrlich, wer kann das moderne Leben leben, ohne sein Teil an dieser innern Unruhe abzubekommen!« Gegenüber Theo äußerte er: »Die Krankheiten sind heute früher oder später unser Teil, was recht ist, nachdem wir Jahre hindurch verhältnis-

mäßig gesund gelebt haben. Du begreifst, ich hätte nicht gerade die Verrücktheit gewählt, wenn ich die Wahl gehabt hätte.« Er trug seinem
Bruder den Plan vor, zumindest vorübergehend in einer Anstalt zu leben, und Theo, der bisher seinen Lebensunterhalt bestritten hatte, wil-
ligte ein, die Kosten zu übernehmen. Van Gogh hegte die Hoffnung,
auch weiterhin zeichnen und malen zu können, »ohne damit so zu wüten
wie im vergangenen Jahr«. Dieses »Wüten« stellt sich in Zahlen so dar:
in der Zeit von Ende Februar 1888 bis Anfang Mai 1889 waren 190 Gemälde entstanden, darunter 80 Landschaften und 40 Bildnisse, ferner
über 100 Zeichnungen. Ziehen wir die Wochen ab, in denen die Krankheit ihn an der Arbeit hinderte, so ist in Arles kaum ein Tag vergangen,
an dem van Gogh nicht ein Werk vollendet hat.

Saint-Rémy

Die Wahl einer gesicherten Unterbringung unter ärztlicher Aufsicht fiel
auf die Anstalt in dem nordöstlich von Arles gelegenen Saint-Rémy-de-
Provence. Sie befand sich in dem ehemaligen Augustinerkloster Saint-
Paul-de-Mausole, das im 17. Jahrhundert den Franziskanern überlassen
und in der Französischen Revolution aufgehoben worden war. Als Na-
tionaleigentum kam es 1807 zum Verkauf und diente seitdem als privat
geführte Heilanstalt. Van Gogh traf am 3. Mai 1889 in Begleitung eines
Pfarrers names Salles in Saint-Rémy ein. Die in Arles verbliebenen Gemälde hatte er nach Paris gesandt, seine Möbel – zwei Betten, zwei
Kommoden, Tische, Stühle, einen Spiegel – beim Ehepaar Ginoux un-
tergestellt. Dr. Théophile Peyron, ehemaliger Marinearzt und Leiter der
Anstalt, gab ihm ein Zimmer im Erdgeschoß. Zwar war van Gogh schon
zuvor mitgeteilt worden, daß ein Verlassen der Anstalt, etwa um im
Freien zu malen, ausgeschlossen sei, doch erhielt er ein freistehendes
Zimmer als separaten Arbeitsraum.
    Der Blick aus dem Fenster auf – gleichfalls ummauerte – Felder,
hinter denen sich Olivenbäume, Zypressen und in weiterer Ferne Berge
erhoben, führte zu einem neuen Beginn, aus dem sich ein Wandel in der
Gestaltungsweise entwickelte. Ein Jahr zuvor, als er am Beispiel des
Pont de l'Anglois die perspektivische Ordnung der Wahrnehmung er-
forscht und erprobt hatte, bewegte sich der Maler rastlos durch ein wei-
tes Terrain. Nun blieb er an einen Ort gebannt; die äußere wandelte sich
in innere Bewegung, die sich in gekurvten Kompositionslinien, in zün-
gelnden Konturen Ausdruck verschaffte. Seine Betroffenheit zeigt sich
in der Beschreibung, die van Gogh Bernard von einem der im Anstaltspark entstandenen Gemälde lieferte: ». . . Der erste Baum ist ein gewal-
tiger Stamm, der aber vom Blitz getroffen und später abgesägt wurde.
Dennoch stößt ein seitlich herausgewachsener Ast sehr hoch zum Himmel empor und fällt in einer Lawine dunkelgrüner Zweige wieder zur
Erde herab. Dieser düstere Riese bildet – wie eine stolze Niederlage –
einen Gegensatz, als Charakteristikum eines lebendigen Wesens betrachtet, mit dem bleichen Lächeln einer letzten Rose auf dem Gebüsch,
die ihm gegenüber verwelkt . . . Ein Sonnenstrahl, ein letzter Wider-

schein, steigert den dunklen Ocker bis zum Orangegelb ... Du wirst verstehen, daß diese Verbindung von rotem Ocker, durch Grau gedämpftem Grün, schwarzen Linien, die die Kontur bestimmen, daß all dies ein wenig die Empfindung der Angst hervorruft, unter der oft manche meiner Gefährten im Unglück zu leiden haben. Und diesen Gedanken drückt übrigens auch das Motiv des großen, vom Blitz getroffenen Baumes aus, das kränkliche Lächeln der letzten Herbstblume.«[101] Solche Bildbeschreibungen mit literarischer Qualität widersprechen der Vorstellung von einem bewußtlos-triebhaften Schaffen van Goghs hinter Kerkermauern. Dennoch besteht kein Zweifel daran, daß es die eigene »Empfindung von Angst« ist, von der van Gogh spricht, und daß der vom Blitz getroffene Baum ihm die eigene Existenz bildhaft vor Augen führte.

In einem der ersten Briefe, die er von Saint-Rémy aus an Theo richtete, hoffte er noch, die Angst vor der Krankheit durch seine neue Umgebung zu verlieren: »Ich glaube, es war gut getan, hierher zu gehen. Dadurch, daß ich die Wirklichkeit des Lebens der Verrückten und der verschiedenen Irren in dieser Menagerie sehe, verliere ich die unbestimmte Furcht, die Angst vor dieser Sache, und allmählich komme ich dazu, die Verrücktheit als eine Krankheit wie jede andere anzusehen ... Obwohl man hier beständig Schreie und furchtbares Heulen wie von Tieren in einer Menagerie hört, so kennen sich die Leute alle trotzdem gut untereinander, und einer hilft dem anderen, wenn einer einen Anfall hat. Wenn ich im Garten arbeite, besuchen sie mich, um mir zuzuschauen, und ich versichere Dir, sie sind zurückhaltender und höflicher und lassen mich mehr in Ruhe als zum Beispiel die guten Bürger von Arles.«[102] Aus dieser Zeit stammt die Federzeichnung *Der Springbrunnen im Anstaltsgarten*, Sinnbild einer vagen Hoffnung.

»Sternennacht«

Wir kennen das Motiv des gestirnten Himmels aus Gemälden, die in Arles entstanden sind: als Attribut des Dichters, »der große Träume träumt«, als ruhiges Gegenbild zum nächtlichen Lampenschein, als unermeßliche Kuppel über der Stadt und dem Fluß, in dem sich die Sterne spiegeln. Wir haben aber auch aus dem im Juni 1888 an Bernard gerichteten Brief zitiert, in dem van Gogh von der Vorstellung spricht, daß möglicherweise wie die Erde auch das Leben »rund und an Ausdehnung und Fähigkeiten weit bedeutender [sei] als seine uns heute bekannte Hemisphäre«. Jener Brief enthält auch die Erwartung, einst »unter höheren Bedingungen in einem andern Dasein zu malen, einem andern, durch ein Phänomen, das vielleicht nicht merkwürdiger und überraschender ist als die Verwandlung der Raupe in den Schmetterling, des Engerlings in den Maikäfer, veränderten Dasein. Dieses Maler-Schmetterlingsdasein hätte als Tätigkeitsfeld eines der zahllosen Gestirne, welche uns nach dem Tod vielleicht nicht unerreichbarer wären als es die schwarzen Punkte, die uns auf der Landkarte Städte und Dörfer symbolisieren, in unserem irdischen Leben sind.«[103]

Betrachten wir vor diesem Hintergrund die im Juni 1889 als Vorstudie zu dem Gemälde *Die Sternennacht* entstandene Federzeichnung *Zypressen und Sterne* (s. Abb. S. 76). Eine einzige Gesetzmäßigkeit flammender Bewegung hebt die Trennung zwischen Himmel und Erde auf. Was sich in den Zypressen, dem Kirchtum, der Hügelkette flakkernd in die Höhe richtet, gewinnt seine Vollendung in den kreisenden Feuerkugeln im Himmelsmeer. Zugleich behalten die Einzelglieder dieser apokalyptischen Landschaft in der zeichnerischen Gestaltung ihren eigenen Rhythmus, ihre »Persönlichkeit«. Verbunden sind sie durch das Streben nach Vereinigung. Diese können wir in der Mondsichel versinnbildlicht finden, indem diese den Erdschatten umgreift und umgeben ist vom Sonnenglanz.

Pietà
(nach Delacroix),
Öl auf Leinwand,
1889,
Rijksmuseum
Vincent van Gogh,
Amsterdam

Ist *Die Sternennacht* ein religiöses Gemälde? Wenn ja, dann in einem absoluten Sinne und im Gegensatz zu den Versuchen Bernards, die figürliche Darstellung religiöser Themen zu erneuern. Mit Spott begegnete van Gogh im Brief vom November 1889 den Beispielen, die Bernard ihm als Photos geschickt hatte: »Sehen Sie [van Gogh wechselte in den Briefen aus Saint-Rémy die Form der Anrede], in der ›Anbetung der Magier‹ gefällt mir die Landschaft zu sehr, als daß ich sie zu kritisieren wagte, und doch ist die Unmöglichkeit, eine Geburt so aufzufassen, mitten auf der Landstraße, zu groß, die Mutter, die zu beten beginnt, anstatt dem Kinde die Brust zu reichen, die dicken geistlichen Frösche, kniend wie in einem epileptischen Anfall, sind da, Gott weiß wie und warum . . . Eine ›Verkündigung‹, von was denn? Ich sehe Engelsgestalten − elegante, wahrhaftig − eine Terrasse mit zwei Zypressen, die ich sehr liebe, es gibt da ungemein viel Luft und Helligkeit . . . aber, schließlich, ist einmal dieser erste Eindruck vorbei, frage ich mich, ob es nicht eine Mystifikation ist, und diese Figuranten sagen mir nichts mehr.«[104]
Diese Kritik an den »Figuranten« religiöser Themen schloß nicht aus, daß van Gogh sich diesem Problem als Maler selbst stellte. Er tat

Zypressen
und Sterne,
Rohrfeder und
Reißfeder,
1889,
Kunsthalle,
Bremen

dies allerdings nicht mit dem Anspruch eigener Bildschöpfungen, sondern in Form von Nachgestaltungen – von Kopien im herkömmlichen
Sinne kann nicht gesprochen werden. Die Stichvorlagen stellte ihm
Theo zur Verfügung. Ein Beispiel ist das Gemälde *Pietà (nach Delacroix)* (s. Abb. S. 74). Wohl behielt van Gogh die vorgegebene Komposition bei; durch die Brechung der Umrißlinien und die Struktur einzelner Pinselstriche gab er der Darstellung der Beweinung Christi durch
Maria jedoch den Charakter eines schmerzhaften Aufruhrs. Das Haupt
des toten Christus zeigt zumindest Anklänge an Selbstbildnisse des Malers. Entschiedener löste sich van Gogh in der *Auferweckung des Laza-
rus* von seinem Vorbild. Während in Rembrandts Radierung die Gestalt
Christi die linke Bildhälfte beherrscht, beschränkte sich van Gogh auf
den Blick in das Grab und zwei dem Wunder beiwohnende Frauen; das
Wunder selbst – die Erschaffung neuen Lebens – versinnbildlicht eine
glühende Sonne.

Van Gogh behielt die Arbeit nach Vorlagen bei, löste sich jedoch
wieder von religiösen Themen. So griff er den *Sämann* wieder auf, der
ihn nahezu ein Jahrzehnt lang beschäftigt hatte, ferner den *Schnitter*,
nach Gemälden Millets. Nach einem Stich in dem 1872 erschienenen,
von Gustave Doré (1832–1883) illustrierten sozialkritischen Bericht
»London. A Pilgrimage« von Blanchard Jerrold entstand im Februar
1890 das Gemälde *Die Runde der Gefangenen*.

Durch seinen Bruder Theo bekam ein, wenn auch zunächst kleiner, Kreis von Künstlern die Werke van Goghs zu Gesicht. Ein erstes öffentliches Echo fanden sie durch einen im Januar 1890 im »Mercure de France« veröffentlichten Artikel von Albert Aurier. Die Überschrift charakterisierte den Maler als Einzelgänger, als einen jener »Isolierten«, die am Rande des anerkannten Kulturgeschehens existierten. Entsprechend fragte Aurier: »Wird dieser starke und wahre Künstler, dieser echte Künstler mit den brutalen Händen eines Riesen, mit der Überempfindlichkeit einer hysterischen Frau, mit der Seele eines Erleuchteten, der so ganz er selbst ist und inmitten unserer heutigen erbärmlichen Kunst so abseits steht, wird er eines Tages – alles ist möglich – die Freuden der Rehabilitierung, die reuevollen Schmeicheleien modischer Beliebtheit kennenlernen? Vielleicht. Doch was auch kommen möge, auch wenn die Mode einst seine Bilder – was wenig wahrscheinlich ist – so hoch bezahlen wird wie die kleinen Schandtaten des Herrn Meissonier, so glaube ich doch nicht, daß diese späte Bewunderung des großen Publikums jemals sehr aufrichtig sein wird. Vincent van Gogh ist zu einfach und zu subtil zugleich für den bürgerlichen Geist unserer Zeitgenossen«.

Van Goghs Dankesbrief läßt seine Betroffenheit durch die gleichsam offizielle Bestätigung seiner menschlichen wie künstlerischen Ausgeschlossenheit erkennen. Umso stärker wehrte er sich dagegen, indem er sein Schaffen zu dem anderer Künstler in Beziehung setzte. Im Anschluß an die oben zitierte Schilderung seines Gemäldes *Der Stuhl Gauguins* belehrte er Aurier: ». . . Sie werden so vielleicht innewerden, daß Ihr Artikel richtiger und infolgedessen, wie mir scheint, bedeutender gewesen wäre, wenn Sie darin bei der Behandlung der Zukunftsprobleme ›Tropenmalerei‹ und des Farbproblems, bevor Sie von mir sprachen, Gauguin und Monticelli hätten Gerechtigkeit widerfahren lassen. Denn der Teil, der mir dabei zukommt oder zukommen wird, wird . . . sehr sekundär sein. – Und dann möchte ich Sie noch etwas anderes fragen. Nehmen wir an, die zwei Sonnenblumenbilder, die gegenwärtig bei den ›Zwanzig‹ ausgestellt sind, hätten gewisse Farbqualitäten, und dann auch, sie drückten eine ›Dankbarkeit‹ symbolisierende Idee aus. Sind sie etwas anderes als so und so viele geschickter gemalte Blumenstücke, die man noch nicht genügend schätzt . . .? Sehen Sie, es scheint mir so schwierig, eine Trennung zu machen zwischen dem Impressionismus und etwas anderem. Ich sehe die Nützlichkeit von so viel sektiererischem Geist, wie wir ihn in den letzten Jahren erlebt haben, nicht ein, ich fürchte aber, daß er sich lächerlich macht.«[105] Zu eben dieser Zeit führte van Gogh durch seine farbige Fassung von Gauguins Kohlezeichnung der *Arlèsienne* den Beweis, daß zwei Künstler gemeinsam ein Werk schaffen konnten. Andererseits sah er sich auf das eigene Wesen zurückverwiesen. »Wenn ich kühn genug wäre, mich gehen zu lassen«, vertraute er seinem Bruder an, »so würde Auriers Artikel mir Mut machen zu dem Wagnis, mich mehr von der Wirklichkeit zu entfernen und mit der Farbe so etwas wie eine Musik aus Tönen zu machen, so wie

Dr. Gachet,
Öl auf Leinwand,
1890,
Musée du
Jeu de Paume
(Musée de
l'Impressionisme),
Paris

manche Monticellis sind. Aber sie ist mir so lieb, die Wahrheit, und auch das Streben, wahr zu sein, kurz ich glaube, ich ziehe es doch vor, mit den Farben wie ein Schuhmacher umzugehen und nicht wie ein Musiker.«[106]

Die im Brief an Aurier erwähnten »Zwanzig« (»Les Vingts«, »Gruppe der XX«) waren eine Vereinigung von 20 belgischen Künstlern (darunter James Ensor), die seit 1884 in Brüssel Ausstellungen unter Einbeziehung ausländischer Maler veranstaltete. Im Januar 1890 war – neben Cézanne – van Gogh mit sechs Gemälden vertreten. Hier erwarb Anna Boch für 400 Francs van Goghs *Rote Weingärten*, worüber Theo seinem Bruder im Brief vom 14. Februar berichtete. War dies ein Anfang, endlich als Künstler auch materiell etwas Sicherheit und Eigenständigkeit zu gewinnen? Van Gogh drängte es, Saint-Rémy zu verlassen, obwohl ihn die in Abständen wiederkehrenden Anfälle erkennen ließen, daß der Zusammenbruch in Arles nicht das vorübergehende Resultat körperlicher und geistiger Überlastung gewesen war, sondern eine dauernde, im Seelischen verwurzelte Erkrankung ausgelöst hatte. Andererseits wußte er durch seinen – freiwilligen – Aufenthalt unter der Obhut Dr. Peyrons, daß sich die physischen Äußerungen dieser Krankheit ankündigten und entsprechende Maßnahmen ergriffen werden konnten. Es bestand also kein Grund, die räumliche Isolierung beizubehalten. Zu den Bedrängnissen, denen sich van Gogh in zunehmendem Maße ausgesetzt sah, gehörten die »verhältnismäßig abergläubischen Ideen«, die seine Mitpatienten vom Malen besaßen und die ihn traurig machten, denn »es liegt im Grunde immer ein klein bißchen Wahrheit darin – ein Maler ist eben ein Mensch, der sich zu sehr in das vertieft, was seine Augen sehen, und das übrige Leben nicht meistern kann«.[107]

Bauernmädchen im Kornfeld, Öl auf Leinwand, 1890, Sammlung Prof. H. R. Hahnloser, Bern

Insoweit vermochte er jene »Ideen«, die im Mystisch-Religiösen ihren Ursprung hatten, nachzuempfinden; als einen vom »Wahnsinn der Kunst« ergriffenen Menschen aber wollte er sich nicht verstehen.

War van Gogh seinem Vorsatz treu geblieben, in Saint-Rémy weniger in seiner Arbeit als Maler zu »wüten«? Die Anzahl der hier innerhalb eines Jahres entstandenen Werke beweist das Gegenteil: mehr als 150 Gemälde – darunter etwa 100 Landschaften mit Motiven aus dem Anstaltspark, Kornfeldern, Zypressen, Berglandschaften und Olivenhainen –, ferner sechs Porträts, darunter das des Oberwärters Trabu, vier Selbstbildnisse und 38 Kopien nach Werken von Daumier, Delacroix, Doré, Millet und Rembrandt; nicht zu vergessen die über 100 Zeichnungen und Aquarelle.

Auvers-sur-Oise

Am 16. Mai 1890 reiste van Gogh von Saint-Rémy nach Paris. Die von Theo geforderte Begleitung durch einen Wärter hatte er abgelehnt: »Ich habe versucht, geduldig zu sein, bisher habe ich niemandem Böses getan, muß ich es mir da gefallen lassen, wie ein gefährliches Tier begleitet zu werden? Danke nein, ich protestiere. Wenn ein Anfall kommen sollte, so weiß man auf jedem Bahnhof, was zu tun ist, und ich werde alles mit mir geschehen lassen.«[108] Nach fünf Tagen des Zusammenseins mit dem Bruder, der Schwägerin und dem Ende Januar zur Welt gekommenen Neffen Vincent-Willem reiste er weiter nach Auvers, einem nordwestlich von Paris an der Oise gelegenen Städtchen. Der Grund für diese Ortswahl war der hier praktizierende Arzt Dr. Paul Gachet (1828–1909). Bei ihm hatten Courbet, Daumier und Manet verkehrt; ebenso stand er in Verbindung mit Cézanne und Pissarro, die 1872 bis 1874 in Auvers gelebt hatten. Dr. Gachet verfolgte die neuen Erscheinungen in der französischen Malerei nicht nur als aufgeschlossener Beurteiler, sondern betätigte sich selbst künstlerisch, schuf vor allem Radierungen. Von ihm konnte van Gogh in doppelter Weise Hilfe erwarten, ohne erneut jenes Risiko einzugehen, das die Gemeinschaft mit Gauguin bedeutet hatte.

Van Gogh logierte zunächst im Gasthof Saint-Aubin, zog aber bald darauf in eine preiswertere Pension am Hauptplatz der Ortschaft um. Seine ersten Eindrücke von Gachet faßte er in dem Urteil zusammen, dieser sei ein »ziemlich exzentrischer« Mensch mit einem Nervenleiden, das wohl ebenso schwer sei wie das eigene. Diese Einsicht schien jedoch eine rasche Annäherung eher zu unterstützen, zumal sich van Gogh auf Wunsch des Partners mit ihm in Gestalt eines Bildnisses auseinandersetzen konnte (s. Abb. S. 78). Die äußerliche Charakterisierung des Arztes als eines Spezialisten für Herzerkrankungen übernimmt das Blumenstilleben aus zwei Stengeln Digitalis (Fingerhut). Das zur Schwermut neigende Wesen Gachets ist in der diagonalen Anlage des Bildnisses erfaßt, der das Motiv des aufgestützten rechten Armes nur schwach entgegenwirkt. Das abgestufte Blau läßt das Antlitz umso kräftiger hervortreten; der rötliche Haaransatz an den Schläfen vermittelt eine Spur von

Keckheit. Träger der Gemütsbewegung sind – gleichsam den Maler und sein Modell verbindend – die aus Konturen, Trennungslinien und einzelnen Strichlagen gebildeten Kurven. An keiner Stelle erstarren sie zum reinen Ornament. Da Gachet das Bildnis sofort in Besitz nahm, malte van Gogh eine zweite Fassung, in der die Durchgliederung der Fläche mit gekurvten Pinselstrichen auch den Hintergrund erfaßt. Hier verblaßt das Antlitz geisterhaft, während das energische Rot der Tischplatte durch zwei gelbe Bücher sowie eine olivgrüne Musterung auf wenige Kleinformen reduziert ist.

Das tiefe Blau wird zur beherrschenden Farbe. In ihr geht die *Kirche von Auvers* auf (s. Abb. S. 15), und sie leuchtet aus dem Gemälde *Bauernmädchen im Kornfeld* (s. Abb. S. 79). Die etwas steife Befangenheit des Modells ist aufgehoben durch den Zusammenklang von Orange und Blau, der sich im Gelb der besonnten, im Orange der schattigen Seite des Strohhutes sowie im Hellblau der Schleife wiederholt. Andererseits läßt diese Befangenheit etwas von der Distanz spüren, die van Gogh in seiner neuen Umgebung erneut erlebte. Sie kommt in dem Bericht eines Augenzeugen, des Studenten René Secrétan, zum Ausdruck, der im Sommer 1890 seine Ferien bei Auvers verbrachte: »Ein wunderlicher, launenhafter Mensch«, so schildert er van Gogh, »an einem Tag fröhlich und zugänglich, am nächsten Tag niedergeschlagen und verschlossen wie ein Leichenträger – ein Schwätzer, wenn er ein gefülltes Glas vor sich stehen hat, dann wieder stundenlang vor sich hinbrütend und in finstere Meditation versunken.«[109]

Van Gogh ließ sich jedoch nicht beirren. Im Juni bat er das Ehepaar Ginoux, ihm seine Möbel als Frachtgut nach Auvers zu schicken. Fürsorglich mahnte er, Joseph Ginoux, der von einem Stier verletzt worden war, möge die Verpackung einem anderen überlassen, um nicht ein Aufbrechen der Wunde zu riskieren. Mit Genugtuung sprach er von Auriers Artikel und zwei weiteren Berichten über seine Ausstellung bei den »Vingisten« sowie über angebliche Bilderverkäufe »unter den besten Bedingungen«. Der Brief schließt freilich mit dem Nachsatz: »Man kann im Leben nicht wie man will. Da, wo man sich am meisten hingezogen fühlt, muß man fort, aber die Erinnerungen bleiben, und man erinnert sich – dunkel wie in einem Spiegel – der abwesenden Freunde.«[110] Die Empfindung des Getrenntseins hatte van Gogh eingeholt. Sie mußte sich unter dem Eindruck eines Besuches in Paris am 6. Juli verstärken, indem er die Belastungen erlebte, unter denen Theo und seine Frau standen. Das Kind kränkelte, und der Bruder litt unter den Auseinandersetzungen mit seinen Arbeitgebern Boussod und Valadon, die den Kunsthandel Goupil übernommen hatten. Ein an Theo gerichteter Antwortbrief auf einige beruhigende Zeilen seiner Schwägerin gibt Einblick in van Goghs seelischen Kampf gegen die Resignation: »Jos Brief war für mich wie ein Evangelium, eine Befreiung aus der Angst, die mir aus den für uns alle schweren und schlimmen Stunden erwachsen war. Das ist nicht wenig, wo wir alle unser tägliches Brot gefährdet sehen und fühlen, wie brüchig unsere Existenz ist. Als ich hierher zurückkam, war ich sehr niedergeschlagen, und ich empfand, wie der Sturm sich auf mich herabsenkte, der Euch bedroht. Aber was soll man machen! Seht, ich

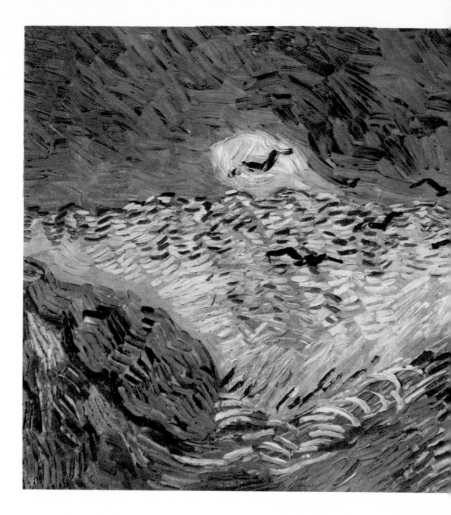

versuche bei guter Laune zu bleiben. Doch mein Leben wurde bei der Wurzel angegriffen, und mein Schritt ist schwankend. Ich fürchtete – nicht sehr, aber doch ein wenig –, daß ich Euch zur Last gefallen sein könnte, aber Jos Brief beweist mir klar, daß Ihr es wißt, daß auch ich arbeite und mich mühe wie Ihr.«[111]

»Krähen über dem Weizenfeld«

»Da ich wußte, was ich wollte, malte ich trotzdem drei große Bilder«, schreibt van Gogh in dem oben zitierten Brief. Zu ihnen gehört das düstere *Feld unter Sturmhimmel*, vielleicht auch das wohl letzte Gemälde van Goghs, das den Titel *Krähen über dem Weizenfeld* erhalten hat (s. oben). Dieses an das Ende seines Weges als Mensch und als Künstler zu setzen ist sicher durch die Absicht begründet, van Goghs »Lebensdrama« in einer letzten Äußerung konzentriert zu finden. Absicht und Wirklichkeit könnten sich entsprechen.

Um die Aussagekraft dieses Werkes über die spontane Betroffenheit hinaus zu erfassen, müssen wir den Blick zurücklenken auf die ordnen-

de, dann zur sogartigen Bewegung gesteigerte Bildgliederung durch die
perspektivischen Wiedergabe der Raumgestalt. Sie ist auch hier wirksam, jedoch in völliger Umkehrung: anstatt auf ein Ziel, und sei dies
auch nur ein Fluchtpunkt, hinzuführen, laufen die Fluchtlinien im Vordergrund zusammen; ihr Brennpunkt scheint verloren zu sein und damit
auch die räumliche Orientierung. Dies findet seinen Ausdruck auch darin, daß zwei der drei Wege ziellos aus dem Bild »hinauslaufen«, während der mittlere unbestimmt im Kornfeld mündet. Und dennoch ist der
Wille zur Zusammenfassung wirksam, zum einen in der Beschränkung
auf die drei Farbpaare Grün und Rot, Gelb und Blau, Schwarz und
Weiß, zum anderen in der »arithmetischen Ordnung«, die Meyer Schapiro in folgender Weise entschlüsselt hat: »Einmal erscheint das einzig-
artige Blau des Himmels – Einheit, Weite, das Letzte; zweimal das komplementäre Gelb der aufgespaltenen, unsteten Masse des wachsenden
Weizens; dreimal das Rot der auseinander- und nirgendwohin führenden Wege; fünfmal das komplementäre Grün der Rasenstreifen dieser
Wege; und das n-te Glied dieser Reihe ist der endlose Anflug der zick-
zackförmigen Krähen, die wie Boten des Schicksals vom fernen Hori-
zont her kommen.«[112]

In einem nicht mehr abgesandten Brief an Theo (die Datierungen schwanken zwischen dem 24. und dem 27. Juli) beschäftigte sich Vincent mit der beruflichen Stellung seines Bruders unter dem Gesichtspunkt des Marktwerts »toter« und »lebender Künstler«, vor allem aber im Hinblick auf Theos Anteil am eigenen Schaffen: ». . . ich sage Dir noch einmal: für mich bist Du nicht nur ein einfacher Kunsthändler, der Corots verkauft, sondern durch mich hast Du Anteil auch am Schaffen bestimmter Bilder, die sogar im Zusammenbruch ihre Ruhe behalten. Denn soweit sind wir, und das ist alles oder wenigstens das Wichtigste, was ich Dir in einem recht kritischen Augenblick sagen kann. In einem Augenblick, wo die Lage zwischen Händlern mit Bildern toter Künstler und Händlern mit Bildern lebender Künstler sehr gespannt ist. Und meine eigene Arbeit, nun, ich setze mein Leben dabei aufs Spiel, und mein Verstand ist zur Hälfte dabei draufgegangen – gut –, aber Du gehörst, soviel ich weiß, nicht zu den Menschenhändlern, und Du kannst, finde ich, Stellung nehmen und wirklich menschlich handeln – aber was soll man machen?«[113]

Am 27. Juli verletzte sich van Gogh lebensgefährlich durch einen Revolverschuß in die Brust. Sein Bruder war am folgenden Tag bei ihm; van Gogh starb in den frühen Nachtstunden des 29. Juli. Zu den Trauergästen seiner Beisetzung auf dem Friedhof von Auvers am 30. Juli gehörten Emile Bernard und Père Tanguy.

Der Auftrag, den van Gogh seinem Bruder zugedacht hatte, war, »Stellung zu nehmen«. Theo van Gogh, der Mit-Kämpfer und Mit-Künstler, konnte diesen Auftrag nicht mehr erfüllen. Er erkrankte wenige Wochen nach Vincents Tod, verbrachte einige Monate in einer Anstalt und starb am 25. Januar 1891 in den Niederlanden. Seine heutige Grabstätte neben der des Bruders fand er 1914, als seine Frau die sterblichen Überreste überführen ließ.

Zahllose Künstler haben zeitlebens um die Anerkennung ihres Schaffens gekämpft und haben sie oft nur in ersten Anfängen erlebt. Kaum einer aber hatte wie van Gogh unter der fast völligen Mißachtung seiner Leistung zu leiden. Dennoch bedurfte es nur weniger Jahre, um zu erkennen, daß die bildende Kunst durch diesen Niederländer eine neue Dimension erhalten hatte. Nie zuvor war ein künstlerisches Gesamtwerk als Resultat eines scheinbar aussichtslosen Kampfes entstanden, in dem das Individuum sich rückhaltlos der bildnerischen Gestaltung der Wirklichkeit geopfert hatte. Von nun an – so mußte die in van Goghs Leben enthaltene Botschaft verstanden werden – konnte sich kein Künstler mehr auf andere Voraussetzungen seines Schaffens berufen als auf die Fähigkeit zur bedingungslosen »Ausdruckskunst«, dem »Expressionismus in einem allgemeineren Sinne.

Den Preis hierfür nannte Franz Marc im 1912 erschienenen Almanach »Der Blaue Reiter«, in dem van Gogh in einem Atemzug mit Renoir, Signac, Toulouse-Lautrec, Beardsley, Cézanne, Gauguin und Picasso genannt wird: »Die heutige Isolierung der seltenen echten Künstler ist für den Moment durchaus unabwendbar.«[114]

Dies war die Lebenserfahrung Vincent van Goghs; sie ist eine Kernfrage der modernen Kunst geblieben.

Gegenüberliegende Seite:
Zypressen und Sterne (Ausschnitt), Rohrfeder und Reißfeder, 1889, Kunsthalle, Bremen

Zeitübersicht

	Leben und Werk	Kunst und Kultur
1853	Am 30. März als Sohn des Predigers Theodorus van Gogh und dessen Ehefrau Anna Cornelia in Groot-Zundert (niederländische Provinz Nord-Brabant) geboren	* F. Hodler. *E. A. Poe-Übersetzungen* von Ch. Baudelaire. A. Stifter: *Bunte Steine.* Erscheinungsbeginn der »Gartenlaube«
1855	Am 17. Februar Geburt der Schwester Anna Cornelia	Einzelausstellung G. Courbets in seinem »Pavillon du Réalisme« *(Das Atelier des Malers).* † S. Kierkegaard
1857	Am 1. Mai Geburt des Bruders Theo(dorus)	* M. Klinger. J. F. Millet: *Die Ährenleserinnen.* Ch. Baudelaire: *Les Fleurs du mal.* G. Flaubert: *Ma Bovary.* † A. d. Musset. † J. v. Eichendorff
1859	Am 16. Mai Geburt der Schwester Elisabeth-Huberta	* G. Seurat. R. Wagner: *Tristan und Isolde*
1861	Eintritt in die Dorfschule von Groot-Zundert	F. M. Dostojewskij: *Aufzeichnungen aus einem Totenhaus* und *Erniedrigte und Beleidigte.*
1862	Am 16. März Geburt der Schwester Willemien (Wilhelmina) Jacoba	E. Manet: *Konzert im Tuileriengarten.* G. Flaubert: *Salambo.* V. Hugo: *Les Misérables (Die Elenden)*
1863		† E. Delacroix. »Salon der Zurückgewiesenen« (E. Manet: *Frühstück im Freien*). * E. Munch
1864	Eintritt in ein Internat in Zevenbergen	* H. d. Toulouse-Lautrec. * A. v. Jawlensky. † L. v. Klenze. J. Verne: *Reise zum Mittelpunkt der Erde*
1865		† F. Waldmüller. E. Manets *Olympia* im »Salon«. H. Daumier: *Don Quijote*
1866	Vom September an Schulbesuch in einem Internat in Tilburg	* W. Kandinsky. E. Manet: *Der Flötenspieler* (vom »Salon« zurückgewiesen). E. Zola: *Mon Salon*
1867	Am 17. Mai Geburt des Bruders Cornelis Vincent	† J. A. D. Ingres. † Th. Rousseau. * K. Kollwitz. * E. Nolde. † Ch. Baudelaire
1868	Mitte März Abschluß der Schulausbildung in Tilburg	* M. Slevogt. E. Manets *Zola-Bildnis* im »Salon«
1869	Am 30. Juli Beginn der Tätigkeit in der Den Haager Filiale der Pariser Kunsthandelsfirma Goupil et Cie	* H. Matisse. E. Manet: *Frühstück im Atelier.* * A. Gide. G. Flaubert: *Erziehung des Herzens.* L. N. Tolstoj: *Krieg und Frieden.* † H. Berlioz
1870	Berufung des Vaters als Gemeindepfarrer nach Helvoirt	F. Bazille: *Das Atelier* (Manet, Monet, Renoir, Sisley Zola). * E. Barlach. † Ch. Dickens
1871	Im Januar Umzug der Familie nach Helvoirt	* L. Feininger. * G. Rouault. † M. v. Schwind. * H. Mann. E. Zola: *Das Glück der Familie Rougon.* F. M. Dostojewskij: *Die Dämonen.* G. Verdi: *Aida*
1872	Beginn des Briefwechsels mit dem Bruder Theo	* P. Mondrian. M. Liebermann: *Die Gänseupferinnen.* † L. Feuerbach. † F. Grillparzer
1873	Mitte des Jahres Versetzung an die Londoner Filiale von Goupil et Cie	A. Böcklin: *Der Kentaurenkampf.* A. Feuerbach: *Das Gastmahl des Plato.* Tolstoj: *Anna Karenina*
1874	Enttäuschte Liebe zu Ursula Loyer. Erste Versetzung nach Paris und Rückkehr nach London	Erste gemeinsame Ausstellung der Impressionisten (C. Monet: *Impression. Soleil levant*). * A. Schönberg
1875	Zweite Versetzung an das Pariser Stammhaus von Goupil et Cie. Intensive Beschäftigung mit religiösen Fragen. Versetzung des Vaters nach Etten	† C. Corot. † J. F. Millet. A. Menzel: *Das Eisenwalzwerk.* † H. Chr. Andersen. † E. Mörike. * Th. Mann. * R. M. Rilke. † G. Bizet. * M. Ravel
1876	Zum 1. April muß van Gogh seine Anstellung wegen »geschäftsschädigenden Verhaltens« aufgeben. Tätigkeit als Hilfslehrer und Hilfsprediger in Ramsgate und Isleworth (England). Rückkehr ins Elternhaus	* P. Modersohn-Becker. Zweite gemeinsame Ausstellung der Impressionisten. C. Monet: *Bahnhof Saint-Lazare.* A. Renoir: *Moulin de la Galette.* M. Liebermann: *Holländische Nähschule*
1877	Entscheidung für den Beruf des Geistlichen. Vorbereitung auf das Theologiestudium in Amsterdam	† G. Courbet. * R. Dufy. * A. Kubin. Dritte Impressionisten-Ausstellung. E. Manet: *Nana.* * H. Hesse.

Geschichte und Politik	Wissenschaft und Technik
Der russische Einmarsch in die von der Türkei abhängigen Donaufürstentümer löst den Krimkrieg (1854–1856) Rußlands gegen die Türkei, Frankreich und England aus	Internationale Seefahrtskonferenz in Brüssel. Bessemerverfahren zur Stahlherstellung. D. E. Hughes: Drucktelegraph
Alexander II. Zar von Rußland. Belagerung (erster moderner Stellungskrieg mit ungeheuren Verlusten) und Eroberung von Sewastopol auf der Krim	Paris ist Schauplatz der zweiten Weltausstellung (erste Weltausstellung 1851 in London)
Niederschlagung des indischen Aufstands; im folgenden Jahr Auflösung der Ostindischen Kompanie: Indien wird Britische Kronkolonie	L. Pasteur: Untersuchungen über Milchsäure- und Alkoholgärung. F. Th. Vischer: Ästhetik
Sardinisch-französischer Krieg gegen Österreich: Beginn der Einigung Italiens	Benzolsynthese. Spektralanalyse. Ch. Darwin: *Über die Entstehung der Arten.* † A. v. Humboldt
Emanuel II. König des geeinigten Italien. Beginn des amerikanischen Bürgerkriegs	Ph. Reis: Fernsprecher. I. Semmelweis: Entdeckung der Ursache des Kindbettfiebers
O. v. Bismarck Ministerpräsident und Außenminister von Preußen	London ist Schauplatz der dritten Weltausstellung
Allgemeiner Deutscher Arbeiterverein (F. Lasalle). Erfolgloser polnischer Aufstand gegen Rußland	A. Nobel: Nitroglyzerin. H. v. Helmholtz: *Die Lehre von den Tonempfindungen*
Krieg Preußens und Österreichs gegen Dänemark. Erste Kommunistische Internationale	Siemens-Martin-Stahl
Ende des amerikanischen Bürgerkriegs. Ermordung A. Lincolns	G. Mendel: Entdeckung der Vererbungsgesetze. A. F. Kekulé: Benzolring
Siegreicher Krieg Preußens gegen Österreich, Auflösung des Deutschen Bundes	Inbetriebnahme des Atlantikkabels Irland-Neufundland. E. Haekel: *Generelle Morphologie der Organismen*
Mexikanische Revolution, Hinrichtung Kaiser Maximilians. Rußland verkauft Alaska an die USA	† M. Faraday. * M. Curie. K. Marx: *Das Kapital.* A. Nobel: Dynamit. J. Monier: Eisenbeton. W. v. Siemens: Dynamo
Zusammenschluß der englischen Gewerkschaften	E. Haeckel: *Natürliche Schöpfungsgeschichte*
A. Bebel und W. Liebknecht gründen die Sozialdemokratische Arbeiterpartei. Erstes Vatikanisches Konzil (1870 Dogma über die Unfehlbarkeit des Papstes)	Eröffnung des Suezkanals. A. E. Brehm: *Tierleben.* E. v. Hartmann: *Philosophie des Unbewußten.* H. Taine: *Philosophie der Kunst*
Deutsch-französischer Krieg. Ausrufung der Dritten Republik in Frankreich. * W. I. Lenin	H. Schliemann: Ausgrabungen in Troja
Kommune in Paris blutig unterdrückt. Gründung des Deutschen Reiches, Wilhelm I. von Preußen wird zugleich deutscher Kaiser. A. Thiers Präsident Frankreichs	Ch. Darwin: *Die Abstammung des Menschen.* R. L. Maddow: Photographische Trockenplatte. * E. Rutherford
Beginn des Kulturkampfes in Preußen. Allgemeine Wehrpflicht in Frankreich	E. Du Bois-Raymond: *Über die Grenzen unserer Naturerkenntnis.* D. F. Strauß: *Der alte und der neue Glaube*
Dreikaiserbündnis Deutschland–Österreich–Rußland. † Napoleon III. im englischen Exil	F. Nietzsche: Unzeitgemäße Betrachtungen
Beginn des Kulturkampfes in der Schweiz. In Bern Gründung des Weltpostvereins	† D. F. Strauß. H. Wundt: *Grundzüge der physiologischen Psychologie*
Sozialistische Arbeiterpartei Deutschlands gegründet. Standesämter und bürgerliche Eheschließung in Deutschland	* C. G. Jung. S. Marcus: Explosionsmotor für Autos. J. H. Michon: *System der Graphologie*
Queen Victoria wird Kaiserin von Indien	A. G. Bell konstruiert Grundform des heutigen Telephons. Otto-Motor. Internationale Meterkonvention
Russisch-türkischer Krieg	T. A. Edison erfindet den Walzen-Phonographen. Gründung des Reichspatentamtes in Berlin

Leben und Werk	Kunst und Kultur
1878 Abbruch der Studienvorbereitung. Mitte des Jahres Eintritt in eine Evangelistenschule in Laeken bei Brüssel	A. Menzel: *Das Ballsoupé*. W. Morris: *Die dekorativen Künste*
1879 Probeweise Ernennung zum Evangelisten in Wasmes auf ein halbes Jahr; wegen »übertriebener Selbstaufopferung« wird der Missionsauftrag nach Ablauf der Probezeit entzogen. Van Gogh setzt seine Tätigkeit in eigenem Auftrag in Cuesmes fort. Beginn der autodidaktischen Ausbildung als Zeichner	† H. Daumier. * P. Klee. Vierte gemeinsame Ausstellung der Impressionisten mit 15 Teilnehmern (u. a. E. Degas, C. Monet, C. Pissarro). Renoirs *Mme Charpentier* im »Salon«. F. M. Dostojewskij: *Die Brüder Karamasow*. H. Ibsen: *Nora oder Ein Puppenheim*. A. Strindberg: *Das rote Zimmer*
1880 Im Oktober Übersiedlung nach Brüssel und Beginn der akademischen Ausbildung; Freundschaft mit dem Kunststudenten Ridder van Rappard	† A. Feuerbach. * A. Derain. * E. L. Kirchner. * F. Marc. Fünfte Impressionisten-Ausstellung. † G. Flaubert. E. Zola: *Nana*. † J. Offenbach
1881 Im April Rückkehr ins Elternhaus nach Etten. Hartnäckige Versuche, der verwitweten Kusine Kee Vos ein Eheversprechen abzutrotzen. Weihnachten Bruch mit dem Vater und Übersiedlung nach Den Haag	* W. Lehmbruck. * M. Pechstein. * P. Picasso. Sechste gemeinsame Ausstellung der Impressionisten. A. Böcklin: *Toteninsel*. † F. M. Dostojewskij. * St. Zweig. H. Ibsen: *Gespenster*
1882 Kunstunterricht durch Antonij Mauve. Das Zusammenleben mit Clasina Maria Hoornik (»Sien«) ruft moralische Entrüstung hervor und isoliert van Gogh. Venerische Erkrankung. Beginn der Ölmalerei, den Unterhalt bestreitet Theo. Berufung des Vaters nach Nuenen	† D. G. Rossetti. * G. Braque. Siebte gemeinsame Ausstellung der Impressionisten. E. Manet (Ritter der Ehrenlegion): *Le Bar aux Folies-Bergère*. * J. Joyce. H. Ibsen: *Ein Volksfeind*. * I. Strawinsky. R. Wagner *Parsifal*
1883 Trennung von »Sien«. Ab September Aufenthalt in der Provinz Drente, im Dezember Rückkehr ins Elternhaus nach Nuenen. Zeichnerische Landschaften und Figurenstudien nach Modellen aus dem Volk	† E. Manet. † G. Doré. * E. Heckel. * M. Utrillo. G. Seurat: *Une Baignade*. † I. Turgenjew. E. Zola: *Paradies der Damen*. F. Nietzsche: *Also sprach Zarathustra*. † R. Wagner
1884 Landschaftsgemälde, Stilleben; Studien von Spinnerinnen, Webern, Bauern; *Der Webstuhl*. Affäre mit Margot Begemann	† H. Makart. † L. Richter. * A. Modigliani. * K. Schmidt-Rottluff. H. Ibsen: *Die Wildente*. † F. Smetana
1885 Am 26. März Tod des Vaters; Verzicht auf den Erbanteil und Umzug in das Küsterhaus der katholischen Gemeinde. Höhepunkt der düsteren »Bauernmalerei«: *Die Kartoffelesser*. Übersiedlung nach Antwerpen	† C. Spitzweg. * R. Delaunay. H. v. Marées: *Goldenes Zeitalter*. † V. Hugo. E. Zola: *Germinal*. G. de Maupassant: *Bel ami*. Gründung der »Revue wagnérienne«. Gründung der Goethe-Gesellschaft
1886 Rubens-Studien, Erwerb japanischer Farbholzschnitte; Erneute venerische Erkrankung. Im Februar Übersiedlung nach Paris: Zusammenleben mit Theo, Arbeit in Cormons Atelier, Bekanntschaft mit H. de Toulouse-Lautrec, E. Bernard, P. Gauguin, C. Pissarro und dem Farbenhändler Tanguy; »Aufhellung« der Palette unter dem Einfluß des Impressionismus, Landschaftsmotive und Selbstbildnisse, nachhaltige Wirkung der Werke A. Monticellis	† A. Monticelli. * O. Kokoschka. 8. und letzte Gruppenausstellung der Impressionisten (mit P. Gauguin, G. Seurat, P. Signac). F. Durand-Ruel stellt impressionistische Werke in New York aus. Fénéon: *Les Impressionistes en 1886*. Moréas: *Manifeste du Symbolisme*. E. Zola: *Das Werk*. L. N. Tolstoj: *Kreutzersonate*. A. Rimbaud: *Les Illuminations*. * G. Benn. † F. Liszt
1887 Rastlose Tätigkeit ohne jede Verkaufsaussicht. Im Sommer gemeinsame Arbeit mit Bernard in Asnières. Erfolglose Ausstellung im »Tambourin«. Etwa 200 in Paris entstandene Gemälde (etwa 50 Blumenstücke)	† H. v. Marées. * A. Archipenko. * M. Chagall. M. Liebermann: *Die Flachsscheuer*. Reise P. Gauguin nach Panama und Martinique. C. Debussy: *Les Printemps (Der Frühling)*
1888 Im Februar Übersiedlung nach Arles. Es entstehen etwa 200 Gemälde und 100 Zeichnungen: Landschaften im Jahresablauf, Blumenstücke *(Sonnenblumen)*, Nachtstücke, Bildnisse. Ab Oktober Zusammenleben mit Gauguin im »gelben Haus«; am 23. Dezember Selbstverstümmelung, Einlieferung in das Krankenhaus	G. Seurat: *Parade, Les Poseuses*. H. de Toulouse-Lautrec: *Au cirque Fernando*. † Th. Storm. * T. S. Eliot. * E. O'Neill. F. Nietzsche: *Der Fall Wagner, Der Wille zur Macht*. Th. Fontane: *Irrungen, Wirrungen*. G. Hauptmann: *Bahnwärter Thiel*. A. Jarry: *Ubu roi*
1889 Rückkehr in das »gelbe Haus«, Zwangseinlieferung ins Krankenhaus. Ab Mai auf eigenen Wunsch in der Irrenanstalt von Saint-Rémy. In über 150 Gemälden Motive aus dem Anstaltsbereich, Landschaften mit Olivenbäumen, Kornfeldern, Zypressen; visionäre Steigerung: *Sternennacht*. Wiederholte epileptische Anfälle	A. Renoir: *Badende*. H. de Toulouse-Lautrec: *La buveuse (Suzanne Valadon)*. Gründung der symbolistischen Gruppe »Nabis« (»Propheten«) mit P. Bonnard, M. Denis, P. Serusier, F. Vallotton, E. Vuillard. G. Hauptmann: *Vor Sonnenaufgang*. B. v. Suttner: *Die Waffen nieder*. * M. Heidegger
1890 Erste öffentliche Anerkennung (Aurier im »Mercure de France«), Verkauf eines bei den »Vingtisten« in Brüssel ausgestellten Gemäldes. Im Mai über Paris nach Auvers-sur-Oise, (Dr. Gachet); Bildnisse und Landschaften. Am 29. Juli Tod infolge einer Schußverletzung	C. Monet: *Heuschober*. P. Cézanne: *Kartenspieler*. G. Seurat: *Chahut*. M. Liebermann: *Frau mit Ziege*. A. Rodin: *Danaide*. H. Ibsen: *Hedda Gabler*. K. Hamsun: *Hunger*. † César Frank. R. Strauss: *Till Eulenspiegel*

Geschichte und Politik	Wissenschaft und Technik
Berliner Kongreß unter Leitung des »ehrlichen Maklers« Bismarck zur Neuordnung Südosteuropas: Selbständigkeit der Balkanstaaten. Sozialistengesetze in Deutschland	A. v. Baeyer: Indigo-Synthese. L. Pasteur: *Die Mikroben.* Paris bekommt Telephon
Gründung der Französischen Arbeiterpartei. Wirtschaftsdepression in Frankreich. Nihilistenattentate in Rußland. * J. Stalin. * L. Trotzki	T. A. Edison erfindet die Kohlenfadenlampe. * A. Einstein. * O. Hahn
Gründung der Sozialistischen Partei in Frankreich. Burenaufstand	K. Duden: *Orthographisches Wörterbuch.* W. Siemens: Elektrostahl
Neutralitätspakt zwischen Deutschland, Österreich und Rußland. Zar Alexander II. ermordet. Tunesien unter französischer Schutzherrschaft. † B. Disraeli	L. v. Ranke: *Weltgeschichte.* L. Pasteur: Tollwutschutzimpfung. Gotthard-Tunnel. Erste elektrische Straßenbahn (Berlin)
Dreibund zwischen Deutschland, Italien und Rußland. Ägypten wird durch britische Truppen besetzt. Antiklerikale Schulgesetze in Frankreich. † G. Garibaldi	† Ch. Darwin. R. Koch entdeckt Tuberkelbazillus. Erstes Elektrizitätswerk (New York)
Krankenversicherungsgesetze in Deutschland. Gründung der Fabian Society (gemäßigter wissenschaftlicher Sozialismus) in Großbritannien. † K. Marx. * B. Mussolini	W. Dilthey: *Einleitung in die Geisteswissenschaften.* G. Daimler: Automotor. * K. Jaspers. * O. Warburg
Unfallversicherung in Deutschland. Beginn der deutschen Kolonialpolitik in Afrika. Betätigungsfreiheit der Gewerkschaften in Frankreich	† G. Mendel. O. Mergenthaler: Setzmaschine
Kongostaat unter Leopold III. von Belgien. Annam und Tonking von Frankreich annektiert. Serbisch-bulgarischer Krieg	H. de Chardonnet: Kunstseide. C. F. Benz: Automobil
Ende des Dreikaiserbündnisses zwischen Deutschland, Österreich und Rußland. Frankreich schenkt den USA die New Yorker Freiheitsstatue	E. Mach: *Beiträge zu einer Analyse der Empfindungen.* H. Hollerith: Elektrische Lochkartenapparatur
Deutscher Rückversicherungsvertrag mit Rußland. Britisch-Ostafrika. Gründung der Interparlamentarischen Friedenskonferenz	† J. J. Bachofen. Platten-Grammophon. Elektroschmelzofen. N. Tesla: Drehstrommotor. H. Hertz: Elektromagnetische Wellen
Dreikaiserjahr: † Wilhelm I., † Friedrich III., Wilhelm II. wird deutscher Kaiser. Gründung der Gesellschaft für Menschenrechte	Institut Pasteur in Paris. Doehring: Spannbeton. J. B. Dunlop: Luftreifen. Deutsches Bagdadbahn-Projekt
Gründung der II. Internationale in Paris. Erste Maifeier in Paris. Somaliland italienisch, Rhodesien britisch. Invaliditäts- und Altersversicherung in Deutschland	Pariser Weltausstellung (Eiffelturm). Erste Automobilausstellung in Paris. E. v. Behring entdeckt Antitoxine
Sudan in französischem Kolonialbesitz. Entlassung des Reichskanzlers Bismarck, Ende des deutsch-russischen Rückversicherungsvertrages	Dreifarbendruck

ANMERKUNGEN UND BIBLIOGRAPHIE

1. Kennzeichnend ist beispielsweise die folgende Bemerkung Hans Sedlmayrs in seiner erstmals 1948 erschienenen Studie »Der Verlust der Mitte«: »Es gibt im 19. Jahrhundert einen ganz neuen Typus des leidenden Künstlers, des einsamen, des irrenden, des verzweifelten, des am Rande des Wahnsinns stehenden Künstlers, den es früher höchstens als Einzelnen gegeben hat. Die Künstler des 19. Jahrhunderts, die großen und tiefen Geister haben oft den Charakter von Geopferten und sich Opfernden. Von Hölderlin, Goya, Friedrich, Runge, Kleist über Daumier, Stifter, Nietzsche und Dostojewskij zu van Gogh, Strindberg, Trakl geht e i n e große Solidarität im Leiden unter der Zeit. Sie alle leiden darunter, daß Gott fern oder ›tot‹ und der Mensch erniedrigt ist.«
   »Ein Leben in Leidenschaft« ist der Untertitel der 1968 erschienenen deutschsprachigen Ausgabe von Irving Stones Van Gogh-Roman. 1957 erschien von Erich Landgrebe »Vincent van Gogh. Roman eines leidenschaftlichen Lebens«.
2. Julius Meier-Graefe: Vincent van Gogh. Der Roman eines Gottsuchers. Frankfurt a. M. (Fischer Bücherei) 1959, S. 10
3. Vincent van Gogh: Briefe an den Maler Anthon van Rappard, 1881−1885. Übersetzt von Martha und Justinian Frisch. Wien 1937, S. 46 (im folgenden Rappard)
4. Hierzu Humberto Nagara: Vincent van Gogh. Psychoanalytische Deutung seines Lebens anhand seiner Briefe. München−Basel 1973
   1970 veröffentlichte August Kuhn-Felix: Vincent van Gogh. Eine Psychographie
5. Johanna van Gogh-Bonger in der Einleitung zu: Vincent van Gogh − Briefe an seinen Bruder. Berlin 1928, S. IX
6. Zitiert nach Herbert Frank: Vincent van Gogh in Selbstzeugnissen und Bilddokumenten. Reinbek 1976, S. 37
7. Zitiert nach Hubertus Günther: Niederländisches Bilderbuch. München 1977, S. 190
8. Vincent van Gogh: Sämtliche Briefe. In der Neuübersetzung von Eva Schumann, hrsg. von Fritz Erpel, Bde. 1−4 (An den Bruder Theo) der sechsbändigen Gesamtausgabe. Berlin 1965, Bd. 1, S. 10 (im folgenden werden die Zitate aus Briefen an den Bruder Theo durch die gebräuchlichen Briefnummern nachgewiesen).
9. Nr. 19
10. Meier-Graefe, S. 18
11. Rappard S. 227; van Gogh berichtet über einen Besuch Theos in Nuenen und dessen Schilderung der Pariser »Neuigkeiten«.
12. Nr. 29; es handelte sich um eine Versteigerung von Zeichnungen Millets.
13. Nr. 38
14. Nr. 50
15. Nr. 79
16. Nr. 89
17. Van Gogh hatte sich, wie er Theo im Brief vom 15. November 1878 (Nr. 126) berichtet, über das südbelgische Kohlenrevier durch ein »kleines Geographiebuch« informiert, in dem es u. a. heißt: »... der belgische Bergmann hat einen glücklichen Charakter, er ist an diese Lebensweise gewöhnt, und wenn er in die Grube einfährt, auf dem Hut die kleine Lampe, die ihn in der Finsternis leiten soll, vertraut er sich seinem Gott an, der seine Arbeit sieht und ihn beschützt, ihn, seine Frau und seine Kinder« (Auszug aus van Goghs Zitat im Brief an den Bruder). Die tatsächlichen Verhältnisse waren gekennzeichnet durch einen hohen Anteil von Kinderarbeit unter Tage, primitive Arbeitsbedingungen mit entsprechender Gefährdung der Arbeiter bei zwölfstündigem Arbeitstag und sinkenden Löhnen (vgl. Sämtliche Briefe, Bd. 1, S. 410).
18. Nr. 132
19. Nr. 133
20. Meier-Graefe S. 32 f. Die frühesten erhaltenen Zeichnungen des Knaben Vincent stammen aus dem Jahr 1862. Kennzeichnend für das zwar stets wache, jedoch zunächst untergeordnete Interesse an eigenen Darstellungen ist eine Bemerkung im Brief vom 15. November 1878 an Theo: »Ich würde so gern mal versuchen, grobe Skizzen von diesem und jenem zu machen, von zahllosen Dingen, die man so auf seinem Wege antrifft, aber vielleicht würde es mich von meiner eigentlichen Arbeit abhalten« (Nr. 126).
21. Nr. 174
22. Nr. 136; »de profundis«: »aus der Tiefe«.
23. Rappard S. 1 f.
24. Rappard S. 19
25. So erwarb van Gogh beispielsweise 1883 antiquarisch die Jahrgänge 1870 bis 1880 der Zeitschrift »Graphic«.
26. Rappard S. 108
27. Rappard S. 15
28. Nr. 193
29. Rappard S. 28
30. Nr. 169
31. Rappard S. 35
32. Rappard S. 42
33. Rappard S. 40
34. Nr. 218
35. Rappard S. 88 ff.
36. Rappard S. 96
37. Nr. 320
38. Rappard S. 186
39. Rappard S. 188
40. Rappard S. 185

41. Rappard S. 193

42. Nr. 404; der Brief Nr. 405 an Theo enthält die vielzitierte Äußerung über die Farbgebung der »Kartoffelesser«: ». . . die Farbe, in der sie jetzt gemalt sind, ist ungefähr die Farbe einer guten, staubigen Kartoffel, ungeschält natürlich. Während ich das machte [gemeint ist die gleichsam ›kartoffelfarbige‹ Übermalung], fiel mir ein, was man von Millets Bauern so richtig gesagt hat: ›Seine Bauern scheinen mit der Erde gemalt, die sie besäen.‹«

43. Rappard S. 209; dieser Brief Rappards ist erhalten geblieben, da van Gogh ihn an den Absender zurückgeschickt hat.

44. Rappard S. 217

45. Nr. 386 a

46. Nr. 439 und Nr. 444

47. Nr. 437. Freilich drücken die Briefe aus Antwerpen auch die materielle Not van Goghs aus: »Und diesen Monat muß ich ganz entschieden darauf bestehen, daß Du mir wenigstens noch 50 Francs zu schicken suchst. Jetzt werde ich immer magerer, und obendrein werden meine Kleider zu schlecht usw. Du weißt doch selbst, daß es auf die Art nicht geht . . . Du sprachst davon, daß wir noch schlechter dran wären, wenn ich krank würde; ich hoffe, soweit wird es nicht kommen, aber ich hätte es schon gern ein bißchen besser, gerade um das zu verhindern« (Nr. 444). Van Gogh blieb bis zu seinem Lebensende finanziell von seinem Bruder abhängig.

48. Nr. 448

49. Es wird häufig vernachlässigt, daß van Goghs Erörterung kunsttheoretischer Fragen und ihrer praktischen Konsequenzen verknüpft ist mit einer nicht nur leidend empfundenen, sondern reflexiv verarbeiteten Betroffenheit durch die gesellschaftliche Misere. So spricht er in einem gegen Ende seines Aufenthaltes in Antwerpen an Theo gerichteten Brief vom instinktiven Gefühl dafür, »daß ungeheuer vieles sich verändert und daß alles sich verändern wird«, und fährt fort: »Wir leben im letzten Viertel eines Jahrhunderts, das wie das vorige mit einer gewaltigen Revolution enden wird. Aber angenommen, wir sehen beide am Ende unseres Lebens noch den Anfang davon – die Zeiten des helleren Himmels und einer Erneuerung der ganzen Gesellschaft nach diesen großen Stürmen werden wir sicher nicht mehr erleben. Doch es ist schon etwas, wenn man sich von dem Falschen und Schlechten seiner Zeit nicht täuschen läßt und das ungesunde Dumpfe und Gedrückte der Stunde vor dem Gewitter darin spürt« (Nr. 451).

50. Zitiert nach Frank Elgar: Van Gogh. Leben und Werk. München–Zürich 1959, S. 76

51. Sämtliche Briefe, Bd. 6, S. 27

52. Ambroise Vollard: Erinnerungen eines Kunsthändlers. Zürich 1957, S. 31

53. Emile Zola: Die Rougon-Macquart. Natur- und Sozialgeschichte einer Familie unter dem Zweiten Kaiserreich. Hrsg. von Rita Schober, München 1974–1977. Lantiers Auseinandersetzung mit dem Neoimpressionismus wird im neunten Kapitel von »Das Werk« geschildert. Van Gogh lernte den Künstlerroman schon Ende 1885 in Antwerpen durch den Vorabdruck in der Zeitschrift »Gil Blas« kennen (Briefe Nr. 444 und Nr. 452). Anfang August 1888 zitierte van Gogh die Romangestalt Bongrand: »Ihr glaubt, ihr Unseligen, daß der Künstler geborgen sei, wenn er sich durchgesetzt und einen guten Ruf erlangt hat? Im Gegenteil, . . . Beim geringsten Anzeichen von Schwäche stürzt sich die ganze neidische Menge über ihn her und zerstört seinen Ruf und den Glauben, den das unbeständige, treulose Publikum vorübergehend in ihn gesetzt hat« (Nr. 524).

54. Henri Perruchot: Van Gogh. Eine Biographie. Esslingen a. N. 1956, S. 256 f.

55. Zitiert nach A. M. Hammacher: Vincent van Gogh. Selbstbildnisse. Stuttgart 1960 (Werkmonographien zur bildenden Kunst), S. 13

56. Vincent van Gogh: Briefe an Emile Bernard, Paul Gauguin, John Russell, Paul Signac und andere. Hrsg. von Hans Graber. Vierte, vermehrte Auflage, Basel 1941, S. 26 (im folgenden Graber)

57. Nr. 499

58. Nr. 476

59. Nr. 507 und Nr. 500

60. Nr. 500

61. Nr. 516

62. Nr. 501

63. Nr. 516

64. Meyer Schapiro: Van Gogh. Köln 1957, S. 58

65. Nr. 531

66. Graber S. 42

67. Graber S. 43 f.

68. Nr. 541

69. Nr. 520

70. Graber S. 85

71. Graber S. 48 f.

72. Graber S. 69

73. Graber S. 66

74. Graber S. 84

75. Nr. 533 und Nr. 534

76. Nr. 535

77. Schapiro S. 68

78. Graber S. 27

79. Graber S. 53

80. Graber S. 103

81. Graber S. 103

82. Graber S. 104

83. Graber S. 104, entsprechend der Brief an Theo Nr. 545

84. Graber S. 105

85. Graber S. 93

86., 87. Zitiert nach Paul Gauguin: Aquarelle, Pastelle und farbige Zeichnungen. Auswahl, Einleitung und Bilderläuterungen von Jean Leymaire. Basel 1959

88. Schapiro S. 86
89. Graber, S. 113
90. Hammacher S. 18
91. Graber S. 95
92. Graber S. 136 f.
93. Nr. 565
94. Zitiert nach Herbert Frank, S. 105
95. Elgar S. 152
96. Graber S. 109
97. Graber S. 111 f.
98. Nr. 574, zur Anordnung in Form eines Triptychons auch Nr. 592
99. Nr. 579
100. Graber S. 129 f.
101. Graber S. 96
102. Nr. 591
103. Graber S. 41, entsprechend der Brief an Theo Nr. 506.
104. Graber S. 92
105. Graber S. 137
106. Nr. 626
107. Nr. 620
108. Nr. 631
109. Zitiert nach Elgar S. 127 f.
110. Graber S. 149 f.
111. Nr. 649
112. Schapiro S. 130
113. Nr. 652
114. Der Blaue Reiter. Hrsg. von Wassily Kandinsky und Franz Marc. Dokumentarische Neuausgabe von Klaus Lankheit. München 1965, S. 38. Der Almanach enthält eine Abbildung des S. 78 wiedergegebenen Porträts des Dr. Gachet.

Ergänzend zu den in den Anmerkungen enthaltenen Literaturhinweisen seien die folgenden Veröffentlichungen genannt:
Jacob Baart de la Faille: L'œuvre de Vincent van Gogh. Catalogue raisonné. 4 Bde. Paris–Brüssel 1928 (Bd. 1: Katalog der Gemälde mit 824 Beschreibungen, Bd. 2: Bildband der Gemälde mit 857 Abbildungen, Bd. 3: Katalog der Zeichnungen, Aquarelle, Lithographien und Radierungen mit 860 Beschreibungen, Bd. 4: Bildband zu Bd. 3 mit 869 Abbildungen)
Douglas Cooper: Zeichnungen und Aquarelle von Vincent van Gogh. Mit einer Einführung von Hugo von Hofmannsthal. Basel 1954
L. Gans: Vincent van Gogh. Katalog (160 Abbildungen, Vorwort von A. M. Hammacher) zur Ausstellung im Haus der Kunst, München 1956
Jacob Baart de la Faille: The Works of Vincent van Gogh. His Paintings and Drawings. Amsterdam 1970
Evert van Uitert: Vincent van Gogh. Leben und Werk. Köln ³1980

NAMENSREGISTER

Nicht aufgenommen ist wegen der Häufigkeit der Erwähnungen Vincent van Goghs Bruder Theo(dorus).

Umschlagmotiv: Selbstbildnis (Ausschnitt),
Öl auf Leinwand, 1890, Musée du Louvre, Paris

Abbildungsnachweis

Belser Archiv 6 – Sammlung T. Edward Hanley, Bradford, Pennsylvania 66 – Kröller-Müller Stichting,
Otterlo 17, 18, 48 – Kunsthalle Bremen 76, 85 –
Sammlung Oskar Reinhart, Winterthur 45 – Scode
Editrice, Mailand 15, 26/27, 30, 31, 35, 38, 39, 42, 43,
46, 47, 49, 50, 54/55, 58, 59, 62, 63, 67, 70, 71, 74, 75,
78, 79, 82/83 – Stedelijk Museum, Amsterdam 10, 11,
21, 24, 28

© 1982 by Belser AG für Verlagsgeschäfte & Co KG,
Stuttgart – Zürich
Anschrift: Belser Verlag, Falkertstraße 73,
D-7000 Stuttgart 1
Alle Rechte vorbehalten
Printed in Germany
ISBN 3-7630-1914-6

CIP-Kurztitelaufnahme der Deutschen Bibliothek
Wetzel, Christoph:
Vincent van Gogh: Leben u. Werk /
Christoph Wetzel. – Stuttgart; Zürich:
Belser, 1982.
ISBN 3-7630-1914-6
NE: Gogh, Vincent van [Ill.]